SÒNIA MARTÍNEZ TORTAJADA

Tu mujer de poder

El camino de vuelta a ti

EDICIONES OBELISCO

Si este libro le ha interesado y desea que le mantengamos informado de nuestras publicaciones, escríbanos indicándonos qué temas son de su interés (Astrología, Autoayuda, Ciencias Ocultas, Artes Marciales, Naturismo, Espiritualidad, Tradición…) y gustosamente le complaceremos.

Puede consultar nuestro catálogo en www.edicionesobelisco.com

Colección Espiritualidad y Vida interior
TU MUJER DE PODER
Sònia Martínez Tortajada

1.ª edición: septiembre de 2025

Maquetación: *Marga Benavides*
Corrección: *Sara Moreno*
Diseño de cubierta: *Enrique Iborra*

Edita: Ediciones Obelisco, S. L.
Collita, 23-25 Pol. Ind. Molí de la Bastida
08191 Rubí - Barcelona - España
Tel. 93 309 85 25
E-mail: info@edicionesobelisco.com

ISBN: 978-84-1172-316-9
DL B 11041-2025

Impreso en España en los talleres gráficos de Romanyà/Valls, S. A.
Verdaguer, 1 - 08786 Capellades (Barcelona)

Printed in Spain

Introducción

Conozco mi historia como mujer

No sabía que mi historia como mujer era distinta de la Historia en mayúsculas, de la Historia que se nos cuenta en el cole y que se nos explica por doquier, de la Historia de la humanidad.

Cuando me convertí en madre empecé a vislumbrar algo muy interesante y también algo un poco preocupante. Descubrí unos libros maravillosos sobre mujeres que habían hecho cosas magníficas a lo largo de la Historia, pero que yo ni conocía; y eran mujeres no solo del panorama actual, sino mujeres de todas las épocas. Uno de esos libros era *Cuentos de buenas noches para niñas rebeldes,* de Elena Favilli y Francesca Cavallo. Lo compré para mi hija, pero quien realmente aprendió y se fascinó con el libro fui yo. Lo leíamos juntas y yo no entendía por qué no había conocido a la mayoría de aquellas mujeres durante mi vida. Además, eso me hizo recordar que cuando estudiaba en el cole aprendimos sobre algunas escritoras de la época del Romanticismo y del Realismo. Ellas eran Rosalía de Castro y Emilia Pardo Bazán. Luego también recuerdo a santa Teresa de Jesús y a sor Juana Inés de la Cruz, pero a ninguna más... Bueno, soy profesora de secundaria desde hace más de quince años y santa Teresa, sor Juana, Rosalía y Emilia siguen siendo las únicas mujeres en los libros de texto. Y en las demás asignaturas, tampoco recuerdo mujeres con un papel relevante. Era como si no hubiésemos existido. Y lo peor: lo normalicé. Y no sabía que lo había normalizado hasta que con los años, me adentré en el mundo de lo femenino para descubrir que nos habíamos perdido tanto y que habíamos olvidado tanto. Así que me puse a investigar y descubrí cosas muy interesantes que me sorprendía no saber y que fueron la razón de que yo encontrase a «mi mujer de poder», y por ello, quiero compartirte aquí mis descubrimientos y mis reflexiones, para que tú también encuentres a «tu mujer de poder», aquella que vive en tu interior y que contiene toda la sabiduría y te ofrece todas las herramientas para conectar con tu fortaleza, tu intuición, tu cuerpo y te permite escuchar tus necesidades y respetarlas sin excusas y sin remordimientos.

Todo empezó preguntándome «qué era ser mujer». No sé ni cuándo ni cómo apareció esta pregunta en mi mente, aunque ahora que lo pienso, creo que apareció primero en mi corazón y luego mi mente quiso usar sus herramientas cognitivas para poder darle respuesta desde un lugar más racional. No me importó porque me gusta comprender las cosas racionalmente también, así que, primero me centré en esta parte y empecé por buscar la palabra «mujer» en Google y éste fue el resultado:

- El 90 % eran mujeres jóvenes y guapas.
- El 5 % eran mujeres mayores.
- El 5 % aparecían con hijos.

Luego busqué artículos relacionados con «mujer» y encontré lo siguiente:

- Trucos para adelgazar.
- Las 10 mujeres más bellas.
- Colección de ropa interior.
- Ropa, zapatos y accesorios de mujer.

Todo era muy superficial y nada real. Y decidí profundizar porque sentía que necesitaba recordar quién era y redescubrir qué significaba «ser mujer», porque yo era mujer y lo que la sociedad me decía que era no se correspondía con lo que yo intuía dentro de mí.

Comencé por buscar una definición de mujer que no fuera la típica de diccionario y buscando encontré ésta:

Ser mujer es dar vida, entrega, dedicación, mantener lazos, cuidar, sabiduría, escucha, amor incondicional, paciencia infinita, comprensión profunda, un corazón lleno de sentimientos, capacidad de organización, intuición, inteligencia práctica, calidad de presencia, encarnar la belleza, buscar la armonía, energía de vida, compañía, calidez, humanidad, fortaleza, valentía, ser transmisora, sustentadora, protectora, emprendedora, luchadora, ayudar a crecer, transformadora de la vida.

(Autor desconocido)

Al leerla sentí que me estaba acercando a lo que intuía, pues sentía que estas palabras pertenecían a mi esencia. Seguro que no es del todo completa o que podría cambiarse algo, o añadirse o quitar; pero me parecía de las mejores que había leído. Ahora estamos en un momento interesante y confuso porque no hay modelos para vivir todas estas facetas. El desafío del momento, según Joseph Campbell, reside en florecer como individuos. En nuestra mitología no existen modelos para la búsqueda individual de una mujer y tampoco hay un modelo para un varón casado con una mujer individualizada. Entender nuestra Historia nos llevará a comprender y a saber de dónde venimos, dónde estamos como mujeres y decidir qué queremos cambiar y cómo para florecer como individuos. Para esta parte del libro me basaré en Bonnie S. Anderson y Judith P. Zinsser (historiadoras y docentes) y en las investigaciones de Joseph Campbell (mitólogo), Marija Gimbutas (arqueóloga y antropóloga), Pepe Rodríguez (periodista) y Gerda Lerner (historiadora).

Según Bonnie S. Anderson y Judith P. Zinsser (1988), el primer factor que define la experiencia de las mujeres es «nacer mujer». Esto ha marcado nuestra Historia: nacemos con unos dones no contados porque se perdieron en el tiempo, no nos llegaron. En nuestro ADN, en nuestros huesos, en nuestra impronta biológica tenemos los recuerdos de las mujeres de nuestro linaje y, como consecuencia, de todas las mujeres. No sólo tenemos el recuerdo de aspectos difíciles que se han tenido que afrontar, ¡también están estos dones! Y es esencial reconectar con ellos porque son parte de nosotras, de nuestra identidad. A través de ellos redescubriremos la feminidad, que el DRAE dice que es «aquello perteneciente o relativo a la mujer o propio de la mujer o que posee características atribuidas a ella». Para mí son estos dones intrínsecos a nosotras que siento que nos llaman a mirar desde dentro hacia fuera y no al revés.

Existe una llamada interior a recordar quiénes éramos y este despertar de la energía femenina que estamos viviendo y experimentando en muchos niveles es, al fin y al cabo, un recordar quiénes éramos para saber quiénes somos.

Para llegar hasta aquí lo haremos del siguiente modo. El libro comienza con un punto de partida que te propondrá algo práctico para saber desde dónde comienzas en esta lectura. Seguidamente te acompañaré a descubrir un poco nuestra Historia como mujeres desde la prehistoria pasando por la Edad Antigua y llegando a analizar algunos momentos de la Edad Media para recordar cuáles han sido y siguen siendo nuestros dones y también cómo se fueron perdiendo y olvidando, parte que desarrollo primero a través de la existencia de las energías yin y yang y de los cuatro elementos de la creación para después analizar cada don que yo he identificado: la conexión con la Luna, la conexión con el útero, la conexión con la naturaleza y la conexión con nuestro ciclo vital a través de sus cuatro arquetipos.

Todo ello pretende despertar tus memorias ancestrales para que te reencuentres con «tu mujer de poder», que es la esencia de la expresión y manifestación de ti misma en toda su autenticidad. Ella es quien eras, eres y serás en la esencia más pura de tu ser porque está conectada a la naturaleza y al cosmos, es decir, a la vida.

Este libro es mi granito de arena al despertar colectivo femenino y se basa en los aprendizajes, enseñanzas y experiencias personales vividos en los últimos diez años. Además, al ser profesora, no puedo más que unir a la teoría una parte práctica que te permitirá trabajar e integrar lo que te explico porque para interiorizar hay que vivenciar.

Feliz reencuentro contigo, feliz reencuentro con tu mujer de poder.

Punto de partida

Antes de comenzar este libro, me gustaría proponerte una actividad práctica que te dará algunas pistas sobre el lugar en el que te encuentras al iniciar este viaje de conexión con tu mujer de poder.

Empezaremos desde el cuerpo que habitas, desde esa sabiduría encarnada que te pertenece.

A lo largo de miles de años se nos ha dicho cómo debe ser nuestro cuerpo. Cada época ha tenido sus cánones: que si cuerpo más redondeado, que si caderas anchas, que si pechos grandes, que si delgadez extrema, que si pecho pequeño, que si aspecto desgarbado, que si cadera estrecha, que si cuerpo atlético, que si muslos tonificados, que si trasero prominente, y ya he perdido el hilo de todo lo que se nos ha ido pidiendo a lo largo de la Historia. Nuestros cuerpos no tienen nada de malo y nadie puede dictarnos qué formas deben tener. Este punto, que nos toca a todas de una manera u otra, será el catalizador de este viaje, y para comenzarlo te propongo un bonito ejercicio que consiste en escribir una carta de amor a las partes de tu cuerpo. Se trata de escribirle a todo tu cuerpo: a las partes que amas y también a las que te cuesta aceptar. No es una prueba, ni un reto que debas superar. Es un gesto de escucha. Una semilla que marca el inicio del viaje que estás a punto de emprender. Si al hacerlo aparecen resistencias, juicios o bloqueos, no estás sola. Es completamente natural. Forma parte del reencuentro contigo misma. La incomodidad también tiene algo que decirte si te detienes a escucharla

Y si no has podido escribir nada, está bien. A veces, simplemente intentarlo ya es abrir una puerta. Porque este camino no se recorre con exigencias, sino con amor. Y es precisamente ahí, en ese amor por ti misma, donde empieza a despertar tu mujer de poder.

¿Cómo éramos? ¿Cómo eran las cosas?

En las sociedades primitivas existía la representación de unas figuritas llamadas Venus que se encontraron durante los períodos del Paleolítico y del Neolítico. Se encontraron unas 500 estatuillas del Paleolítico y más de 30 000 del Neolítico.

Estas figuritas tenían atributos femeninos muy marcados, incluso deformados como las nalgas, los senos, las caderas y el pubis. Muchas no tenían cabeza o el rostro no tenía detalles, y parece ser que eran, entre otros aspectos, una expresión de la existencia de una divinidad basada en el principio femenino de dar la vida y proteger (Pepe Rodríguez, 1999). Durante más de 20 milenios no hubo otra diosa que la diosa paleolítica (del 30 000 al 3 000 a. C.). Seguramente conocerás la Venus de Willendorf, que sería un ejemplo de esta expresión, o también la Venus de Laussel.

Pepe Rodríguez afirma al respecto que «el principio generador del universo se concibió bajo una personificación de mujer y femenina que era la fuerza divina que controlaba el ciclo de la vida, la muerte y la regeneración». Este principio llamado Gran Diosa era autogeneradora y contenía en ella misma todos y cada uno de los elementos que formaban el cosmos. Existía, por tanto, una creencia primigenia en el principio femenino como creador, dador y protector de la vida y personificado a través de la mujer con las figuras de las Venus con atributos femeninos. Todo ello me llevó a querer saber y querer entender por qué razón esta concepción del universo y este respeto por lo femenino se perdió en el tiempo.

En el Paleolítico, las comunidades eran cazadoras-recolectoras y los roles estaban definidos de manera que los hombres se dedicaban a la caza y las mujeres a la recolección de alimentos. Sin embargo, investigaciones recientes muestran que estos roles no eran excluyentes: también hubo mujeres que participaron en actividades de caza y hombres que recolectaban, lo que sugiere una organización más flexible de lo que se había creído. Ellas eran las conocedoras de las plantas y de los ciclos de los vegetales, y al parecer existía un orden social en el que las mujeres jugaban un papel central. El antropólogo suizo Johann Jakob Bachofen (1975) decía que en un principio estas tribus nómadas eran matrifocales y matrilineales, lo que quería decir que los hijos permanecían con la madre porque no podía asegurarse quién era el padre (la sexualidad no era entendida como hoy en día y se practicaba sin ninguna exclusividad). El centro de la organización familiar y de la comunidad eran las mujeres como madres, pero existía un carácter igualitario entre los dos sexos. Al pasar esta sociedad a ser agrícola y ganadera (sedentaria), se produjeron cambios en la organización social y se dice que ello llevó a desigualdades. Bonnie S. Anderson y Judith P. Zinsser (2009) dicen que el hombre pasó a ocupar la posición productiva que tradicionalmente fue de las mujeres y ellas comenzaron a perder su posición dentro del grupo. Al asumir la mujer un rol no productivo se incrementó el dominio social ejercido por el hombre, lo que modificó la estructura familiar. Además con la agricultura apareció el excedente y éste, aparte de provocar enfrentamientos porque los pueblos podían pelearse por este alimento sobrante, sirvió también para negociar, con lo que los primeros indicios de «bienes y propiedad privada» empezaron a darse. El excedente fue el inicio de todo. Poseer se convirtió en la moneda de cambio para muchas cosas y la mujer se convirtió así en un «bien» más, en una «posesión» más. Cuando un pueblo invadía a otro, mataba a los hombres, pero conservaba a las mujeres, se quedaban con ellas y al poseer a las mujeres se tenían sus conocimientos sobre plantas y siembra y también el control de su sexualidad.

Aunque éste fuese el desarrollo de la Historia que más se ha popularizado, Marija Gimbutas (1974) defendió la existencia de sociedades matrifocales mucho más allá del Neolítico. Comenta que la vieja Europa (Europa oriental, occidental y central, las zonas del Egeo, los Balcanes y el Mediterráneo central), Anatolia y Creta (Micenas) eran una gylanía, es decir, una estructura social en la que los dos sexos mantenían una relación social igualitaria. Existen testimonios arqueológicos que nos hablan de esta igualdad, como ejemplos de tablillas micénicas donde se dice que mujeres y hombres recibían las mismas raciones por su trabajo en palacio, y también que había el mismo número de mujeres y hombres entre el personal religioso (Bonnie S. Anderson y Judith P. Zinsser). Gimbutas decía que estas sociedades estuvieron vigentes del 7000 al 3500 a. C. y que los restos arqueológicos encontrados mostraban que no establecían ciudades amuralladas y que era preeminente el culto a diosas femeninas. Tampoco se han encontrado en los asentamientos restos de armas o representaciones bélicas. El arte relacionado con la Diosa no mostraba imágenes de guerra o de dominación masculina, lo que la llevó a afirmar que eran sociedades pacíficas de agricultores-ganaderos en donde reinaba la igualdad de género, pero que finalmente fueron destruidas por la invasión de un pueblo protoindoeuropeo bélico y patriarcal que Gimbutas llamó los kurganes.

A todo ello, querría citar las investigaciones llevadas a cabo por Anna Boyé, antropóloga de la Universitat de Barcelona, a partir de las que ha descubierto y visitado varias sociedades matriarcales que existen hoy en día y que tienen larga tradición: la comunidad Minangkabau, en la isla de Sumatra; la comunidad Mosuo, en China; la comunidad Bijagó, en Guinea Bissau; las comunidades Quero y Huilloc de Perú y la comunidad Juchiteca de México.

Boyé habla de sociedades matriarcales con la misma idea que lo hacía Marija Gimbutas de la sociedad matrifocal. Para ella: «una comunidad matriarcal es aquélla en la que el papel de la mujer es central y estructura una manera de entender la vida desde la paz, el bienestar común y la importancia del grupo. No es, por tanto, lo contrario del patriarcado sino una manera diferente de socializarse. En las seis comunidades matriarcales que he estudiado, el prestigio lo tiene el que mas da, no quién más tiene, se busca el consenso por encima de la imposición. En ellas, la mujer tiene independencia económica y es respetada por su autoridad no coercitiva, su inteligencia y por las buenas relaciones con la comunidad» (Congresos y ponencias de Anna Boyé, 10 de agosto de 2021).

Vemos, por tanto, que, aunque la reestructuración social que llegó de la mano del excedente cambió el papel de la mujer, se mantuvieron comunidades que no se transformaron en patriarcales, con lo que otra manera de vivir era posible y es posible. No conocer nuestros orígenes y no conocer las teorías de Marija Gimbutas y las investigaciones de Anna Boyé habrían dejado sin respuesta ese vacío que sentía en mi interior al pensar en mí como mujer, porque sabía muy adentro que nunca fuimos menos y que éramos y somos importantes para el mundo. A todo ello hay que decir que no es que existiese una conspiración para relegar a las mujeres, pero la estructura agrícola llevó al hombre a ser el proveedor y la mujer quedó atada a su función como reproductora y encargada de las tareas del hogar en la mayoría de los asentamientos. La mujer se ocupaba estrictamente de lo que atañía a la vivienda, pero ya no participaba de otras actividades y su segregación llevó a crear una serie de historias para justificar todo esto y pasó a depender, hasta para su propia supervivencia, del hombre (primero del padre y luego del marido).

El desequilibrio entre masculino y femenino que vino con el excedente alimentario también se extendió a la creencia que existía en la Gran Diosa y el principio femenino. Se dice que se forzó la aparición de mitos acerca de la inferioridad «natural» de las mujeres y ahí llegó también la llamada dominación de unos sobre otros. Leí hace tiempo un mito de los pigmeos del Congo y los indios ona de la Tierra del Fuego que decía lo siguiente: «En el origen existía el poder mágico de las mujeres. Entonces los hombres las mataron a todas y mantuvieron con vida a las más jóvenes, a las que nunca enseñaron lo que sus madres sabían, pues los hombres se reservaron ese conocimiento para sí mismos». No puedo citar la fuente porque no recuerdo dónde lo leí, pero me impactó muchísimo, porque se parece a lo que ha sucedido a gran escala en nuestra sociedad: hemos olvidado el conocimiento y la historia de nuestros ancestros femeninos.

La aparición de mitos y dioses masculinos relegaron la creencia primigenia en la Gran Diosa. En Mesopotamia, por ejemplo, puede verse cómo se proclamó ya la supremacía del dios varón en la figura de Marduk, dios de la guerra, después de haber vencido a la Gran Diosa. Este mito aparece en el *Enuma Elish,* la epopeya de la creación de la cultura mesopotámica. Otro ejemplo del paso de la Diosa al Dios se da en la cultura hebrea, en la que primero se rendía culto a la Gran Diosa bajo el nombre de Asherá y luego apareció el dios varón Yahvé. El culto a los dos convivió durante siglos hasta que acabó imponiéndose el culto exclusivo a Yahvé (Pepe Rodríguez, 1999).

Todo ello me ha llevado a pensar en que nuestro valor y nuestro poder intrínseco ligado a nuestra identidad sufrió un hachazo hace milenios, con lo que esa armonía unida a la vida, a la protección y a la igualdad se perdió. Creo que todas las mujeres conscientes habrán sentido algún tipo de vacío relacionado con su propio valor y su propio poder en algún momento de su vida y para mí era imperativo saber de dónde venía esa sensación, dónde estaba el origen de esa desconexión que muchas hemos sufrido.

Nuestra Historia como mujeres siguió un peregrinaje de sumisión, de dependencia, de no libertad que se extendió de una manera generalizada. Solamente comentaré algunos ejemplos que fueron los que más me impactaron y me hicieron hacer un «clic» en la mente y en el corazón. Ello provocó que mucho de lo que debo conservar en mi ADN (de mis ancestros mujeres) despertase y yo pudiese reconocer ese dolor y esa injusticia sufrida y, así, pudiese comenzar a liberarla y a renacer como mujer consciente.

A finales del IV milenio y durante el III milenio a. C, en Mesopotamia, empezó a legislarse la subordinación de la mujer a partir de leyes. El rey Urukagina o Uruinimgina (2352-2342 a. C.) reguló el comportamiento sexual de las mujeres. Por ejemplo, las mujeres no podían casarse con dos hombres, con lo que una mujer viuda no podía volver a casarse. Se trataba de proteger la propiedad de la familia del primer esposo y evitar que ésta pasase al nuevo, todo ello bajo pena de lapidación y de desfiguración del rostro.

También tenemos el Código de Hammurabi (c. 1750 a. C.) en el que, de las 278 leyes que lo componen, 73 regulan el matrimonio y los usos sexuales. Éstas eran restrictivas con las mujeres y permisivas para con los hombres. Por ejemplo, estas leyes entendían el adulterio como una mera violación del derecho de propiedad del marido y, en consecuencia, la esposa y el amante eran condenados a muerte. También las leyes mesoasíricas (c. 1500 a 1100 a. C.) se ocuparon de regular de manera jurídica la actividad personal, social y sexual de la mujer.

Gerda Lerner (1986) dice que aquí empezó la consolidación definitiva de la sumisión de la mujer al hombre.

Para acercarnos más a nuestra Historia moderna, me referiré a los escritos griegos, romanos y hebreos, que han sido la matriz de la cultura europea. Sobre todo me basaré en la *Ilíada* y la *Odisea, Las leyes de Roma* y el *Pentateuco* (los cinco primeros libros de la Biblia). En estos escritos se forjaron muchas de las características que se otorgaron a las mujeres y que las definieron.

Bonnie S. Anderson y Judith P. Zissner citan las palabras que al parecer escribió un griego en el siglo v a. C. y que se me antojan perfectas aquí: «Todos los pensamientos del hombre han sido modelados por Homero desde el principio», con lo que la influencia de Homero debió de ser muy vasta. De hecho, cerca de la mitad de los papiros hallados en Egipto entre los siglos v y iv a. C. eran obras homéricas o comentarios sobre ellas.

La épica de Homero, las leyes romanas y la Biblia hebrea transmitieron aspectos como los siguientes. He extraído los que más me impactaron de Bonnie S. Anderson y Judith P. Zissner y que están explicados en su libro *Historia de las mujeres. Una historia propia* (2018):

- La palabra «mujer» es un insulto en la *Ilíada,* y en el Antiguo Testamento se aplica a los hombres cobardes.
- Las genealogías de Homero y el Antiguo Testamento presentan el linaje sólo a través de la línea masculina.
- En el Antiguo Testamento el testimonio de Raquel dice: «Dame hijos, o si no me muero». Existía la creencia de que la esterilidad era un fallo de las mujeres. Cuando Raquel concibe a su hijo, dice: «Ha quitado Dios mi afrenta».
- Según la costumbre tradicional romana, sólo los niños recibían nombres propios, las niñas llevaban sólo el apellido y se distinguían de las demás por medio de apodos.
- Una ley atribuida a Rómulo, el legendario fundador de Roma, obligaba a los ciudadanos a educar a todo hijo varón, pero sólo a la primogénita de las mujeres, a las demás hermanas no.

- La 4.ª ley de las Doce Tablas de Roma se llama «poder paterno» y concede al padre la autoridad única y absoluta sobre sus hijos. En la 5.ª se especifica que «debido a su ligereza de mente» toda mujer (excepto las seis vírgenes vestales) estará bajo la potestad de un hombre.
- En el Antiguo Testamento, la palabra de una mujer tiene valor sólo si su marido o padre no la contradice.
- En el Génesis se dan dos versiones de la creación del ser humano. En el primer capítulo, versículo 27, dice: «Creó, pues, Dios al hombre a imagen suya, a imagen de Dios lo creó; varón y hembra los creó». En el capítulo segundo, versículos 21 al 24 dice así: «Por eso Dios hizo que el hombre se quedara profundamente dormido. Y así, mientras éste dormía, Dios le sacó una de sus costillas, y luego le cerró el costado. De esa costilla Dios hizo una mujer». Esta segunda versión fue la que más se extendió. Eva nació a partir de una costilla de Adán, con lo que ya se habla de una «dependencia» del hombre. A ello se le une el relato del árbol del conocimiento del Bien y del Mal, en el que Eva es engañada por la serpiente para desobedecer a Dios.

  Y ahí aparece el castigo de Dios a todas las mujeres. «Tantas haré tus fatigas cuantos sean tus embarazos: con dolor parirás los hijos. Hacia tu marido irá tu apetencia y él te dominará» (capítulo 3, versículo 16).
- Según la historiografía romana, una serie de leyes atribuidas a Rómulo habría dado la prerrogativa a los familiares varones, junto con el marido, para acabar con la vida de la mujer en caso de adulterio y en caso de que fuese encontrada bebiendo vino. Para la mentalidad romana, la mujer que bebía vino estaba abriendo la puerta al adulterio y a la negligencia en las labores del hogar y, por tanto, cerrándola a las virtudes (Pilar Pavón, 2011).
- Una de las leyes reales declaraba que a las esposas no les estaba permitido divorciarse de sus maridos, pero los maridos podían divorciarse de sus esposas.
- En el Antiguo Testamento se contempla que el marido comete adulterio cuando tiene relaciones sexuales con la mujer de otro hombre, no cuando tiene relaciones sexuales con otra mujer.

- El Antiguo Testamento consideró a todas las mujeres adultas sanas, ritualmente impuras cuando menstruaban. En una sección que trata de la enfermedad y los flujos corporales, la menstruación se describe como «su impureza» y convierte a las mujeres, y a todo lo que tocan o aquello en lo que se sientan, en impuro durante 7 días (en cambio, la eyaculación deja a los hombres impuros sólo hasta la tarde del día en que ocurre).
- En el Antiguo Testamento, si una mujer da a luz a un hijo, queda impura 7 días y no puede ir al templo durante 33 días; si da a luz a una hija está impura durante 14 días y no puede ir al templo durante 66 días. Esta impureza ritual convierte la menstruación y el nacimiento, en especial el de una hija, en acontecimientos contaminantes.

Todas estas leyes e imposiciones crearon una idea de cómo éramos y de cómo debíamos ser y comportarnos las mujeres y ello influyó en la percepción de los otros sobre nosotras y nuestra percepción sobre nosotras mismas. Aún habiendo padecido todo tipo de degradaciones, hubo un gran poder femenino que no desapareció, sino que se adaptó y adoptó la forma de otras diosas y de algunas mujeres poderosas como Isis, que fue la diosa egipcia a la que se rindió culto de manera muy extensa desde España hasta Asia Menor y desde el norte de África hasta Alemania.

En los siglos inmediatamente anteriores al nacimiento del cristianismo, el culto a Isis fue la religión más difundida del Imperio romano. El *Himno I* de un incierto Isidoro dedicado a Isis muestra su importancia y habla de ella como «la madre de los dioses» y como síntesis de las demás diosas cuando dice en el último verso «tú sola eres todas las que fueron llamadas como otras diosas por los pueblos» (Luisina Abrach, 2019).

> Θρᾷκες καὶ Ἕλληνες, καὶ ὅσσοι βάρβαροί είσι,
> οὔνομά σου τὸ καλόν, πολυτίμητον παρὰ πᾶσι,
> φωναῖσι φράζουσ’ ἰδίαις, ἰδίαι ἐνὶ πάτρηι.
> Ἀστάρτην Ἄρτεμίν σε Σύροι κλῄζουσι Ναναίαν
> καὶ Λυκίων ἔθνη {η} Λητοῦν καλέουσιν ἄνας[σαν

Μητέρα δὴ κλῄζουσι θεῶν καὶ Θρήϊκες ἄνδρες,
Ἕλληνες δ' Ἥρην μεγαλόθρονον ἠδ' Ἀφροδίτη[ν
καὶ Ἑστίαν ἀγαθήν, καὶ Ῥεῖαν, καὶ Δήμητρα,
Αἰγύπτιοι δὲ Θιοῦιν, ὅτι μούνη εἶ σὺ ἅπασα[ι
αἱ ὑπὸ τῶν ἐθνῶν ὀνομαζόμεναι θεαὶ ἄλλαι. (15-24)

Tracios, helenos y cuantos bárbaros existen,
lo bello es tu nombre, honradísimo entre todos,
lo dan a conocer con sus voces propias, en su propia patria.
Los sirios te celebran como Artemis Astarté Nanea,
y la etnia de los licios te invocan como la soberana Leto
y los hombres tracios te celebran como la madre de los dioses,
los helenos como Hera de trono elevado y Afrodita,
y la noble Hestia, también Rea y Deméter,
(pero) los egipcios Tiuis, puesto que tú sola eres todas
las que fueron llamadas como otras diosas por los pueblos.

La Gran Diosa del Paleolítico estaba presente, su esencia no había muerto y recibía varios nombres y todos ellos eran distintas caras del mismo principio femenino, de la Diosa. Conocemos la mitología griega y romana por ser la más cercana a nuestra sociedad y conocemos a las diosas del Olimpo. También la mitología celta y nórdica tiene a sus diosas, así como las mitologías japonesa, china, africana y sudamericana. La Diosa ha continuado estando presente en todos los rincones del mundo. Y no sólo la Diosa ha pervivido, la mujer como su representación en la Tierra ha sido sacerdotisa, oráculo, chamana, sanadora, reina, emperatriz…, conteniendo en sí la esencia del principio femenino. Mujeres poderosas han poblado el mundo como Pitia de Delfos (que actuaba como oráculo del dios Apolo), Cleopatra (reina de Egipto), las vírgenes vestales (sacerdotisas de la diosa romana del hogar, Vesta), Boudica (reina guerrera de los icenos), Gala Placidia (regente del Imperio romano de Occidente), Safo de Lesbos (poetisa), Hipatia (matemática), Eurídice (abuela de Alejandro Magno)… Incluso me atrevería a hablar de las amazonas, la existencia de las cuales no se ha probado, pero de las que la cultura griega está llena de descripciones. La primera mención que se conoce de ellas se la debemos a Homero en la *Ilíada.* También en la *Etiópida* (poema épico de la literatura griega) se dice que las amazonas se unieron a los troyanos para luchar contra los griegos. Se pensaba que la sociedad de las amazonas era una sociedad masculina a la inversa, ya que ellas se dedicaban a actividades tradicionalmente dominadas por los hombres como la equitación, la caza y la guerra. Herodoto también describe cómo jóvenes guerreros escitas (pueblo nómada de zonas asiáticas) persuadieron a algunas amazonas para formar una nueva sociedad juntos, aunque las mujeres insistieron en que ni ellas ni su descendencia cambiarían sus estilos de vida en absoluto (Mark Cartwright, 2019).

La idea de que existiesen unas mujeres tan poderosas como las amazonas siempre me llenó de alegría interna. Siempre me he considerado muy guerrera, conquistadora de objetivos y luchadora, y las amazonas fueron fuente de inspiración y fortaleza y no sólo para mí, sino para otras muchas mujeres europeas.

También quería hablar de Cleopatra VII (69-30 a. C.), que fue la última reina independiente de Egipto. Cuando tenía 17 años accedió al trono y defendió una alianza con Roma. Esto le supuso el tener que huir a Alejandría porque su hermano y el consejo regente se opusieron a tal alianza. En Alejandría encontró a Julio César y consiguió su apoyo, recuperó el trono y ella y Egipto fueron aliados de Roma. Cleopatra fue a vivir con Julio César y él le deparó honores reales, la trató como la reina que era y colocó una gran estatua dorada en el templo de Venus que él había construido. Después Julio César fue asesinado y ella permaneció como reina de Egipto independiente, gobernando conjuntamente con su hijo de tres años. Se casó con Marco Antonio y gobernaron como iguales. Al final, después de muchos otros acontecimientos acabaría suicidándose para evitar la humillación que Octavio, emperador de Roma que le declaró la guerra, le tenía preparada tras su derrota. Fue reina y salvó muchos obstáculos para ello, pero permaneció en el trono veinte años y gobernó un Egipto independiente.

Existen otros ejemplos de mujeres poderosas que destacaron en un mundo ya de hombres, en un mundo patriarcal, pero no trato de hacer un listado de ellas, sino más bien de mencionar que existieron y que las mujeres no quedamos relegadas del todo a no ser vistas.

Así que contábamos todavía con la presencia de la Diosa de la mano de sus distintas facetas, que pervivieron en las distintas diosas de las distintas culturas y mitologías y contábamos con mujeres poderosas que destacaron también en un mundo de hombres. Todo ello era el sustrato necesario para que las mujeres sintiéramos todavía nuestro valor intrínseco y que conectásemos con ese poder que cada una poseía en su interior y con el que había venido a este mundo. Sí que el mundo había cambiado, pero sentir y saber que éramos poderosas y teníamos valor porque nos pertenecía y porque ya habíamos vivido expresándolo libremente era lo que necesitábamos para resurgir y brillar de nuevo, aunque esto sucedería poco a poco.

Me gustaría destacar que época tras época, las mujeres hemos luchado por recuperar nuestro estatus de seres independientes y capaces y que cada momento de la Historia nos ha enfrentado a distintos retos para ir recuperando nuestros derechos. Cuando estaba investigando y recopilando información, me topé con un libro del que tengo que hablar sí o sí. Se trata del *Maellus Maleficarum* escrito por Henry Kramer y Jacob Sprenger. En la edición de 1975, que es la que he podido consultar, los editores hacen una breve descripción de la obra que dice así: «El más famoso de todas los libros sobre brujería [...] fue escrito en 1486 por dos monjes dominicos. En el acto, y a lo largo de los tres siglos siguientes, se convirtió en el manual indispensable y la autoridad final para la Inquisición, para todos los jueces, magistrados y sacerdotes, católicos y protestantes en la lucha contra la brujería en Europa». Este libro se centra sobre todo en las mujeres y su predisposición para relacionarse con el demonio y actuar malévolamente. Al leerlo no pude por más que extraer algunos pasajes para compartirlos, para que pueda verse que no es de extrañar que haya sido y sea tan difícil despojarnos de ciertas cualidades y actuaciones que se nos han atribuido a lo largo de la Historia y que existan personas que desprecien a las mujeres sólo por el hecho de serlo. Los pasajes que citaré a continuación son sólo un ejemplo de lo que parecía normalizado y aceptado. Muchos de ellos se basan en libros de la Biblia y ya sabemos que el cristianismo intentó eliminar el arquetipo de la Madre Creadora reemplazándolo por el Padre Creador y el Hijo Redentor. La religión contribuyó a una visión distorsionada de la mujer. La mujer debía ser esposa y madre, ésos eran los roles aceptados y éstos debían seguir unas normas establecidas de buen comportamiento y obediencia.

Los fragmentos a continuación ilustran sobre cómo se percibía a la mujer en el siglo XV, que es cuando se escribió el *Mallus Maleficarum.*

- «Porque los ojos dirigen la mirada hacia cierto objeto sin prestar atención a otras cosas, pero ante la visión de una impureza, como por ejemplo una mujer durante sus períodos mensuales, los ojos, por decirlo así, contraen cierta impureza». (p. 24)
- «[…] como dice Guillermo de París en su *De Universo,* la experiencia demuestra que si una ramera trata de plantar un olivo éste no da frutos, en tanto que es fructífero si lo planta una mujer casta». (p. 46)
- «[…] todas las malignidades son poca cosa en comparación con las de una mujer. Por lo cual san Juan Crisóstomo dice en el texto: "No conviene casarse" (San Mateo, xix): ¡qué otra cosa es una mujer sino un enemigo de la amistad, un castigo inevitable, un mal necesario, una tentación natural, una calamidad deseable, un peligro doméstico, un deleitable detrimento, un mal de la naturaleza pintado con alegres colores!». (p. 49)
- «En su segundo libro de *La retórica,* Cicerón dice: "Los muchos apetitos de los hombres los llevan a un pecado, pero el único apetito de las mujeres las conduce a todos los pecados, pues la raíz de todos los vicios femeninos es la avaricia". Y Séneca dice en sus *Tragedias:* "Una mujer ama u odia; no hay tercera alternativa. Y las lágrimas de una mujer son un engaño pues pueden brotar de una pena verdadera, o ser una trampa. Cuando una mujer piensa a solas, piensa el mal"». (p. 49)
- «Pero para las buenas mujeres hay tanta alabanza que leemos que han dado beatitud a los hombres, y salvado naciones, países y ciudades; como resulta claro en el caso de Judith, Deborah y Esther. Véase también I Corintios: "Y la mujer que tiene marido infiel, y ella consiente en habitar con él, no la despida. Porque el marido infiel es santificado en la mujer". Y Ecclesiasticus XXVI: "Bendito el hombre que tiene una mujer virtuosa, pues el número de sus días se duplicará". Y a lo largo de ese capítulo se dicen muchos elogios

sobre la excelencia de las mujeres buenas, lo mismo que en el último capítulo de los Proverbios acerca de una mujer virtuosa». (p. 49)

- «[…] que como [las mujeres] son más débiles de mente y de cuerpo, no es de extrañar que caigan en mayor medida bajo el hechizo de la brujería». (p. 50)
- «Pero la razón natural es que es más carnal que el hombre, como resulta claro de sus muchas abominaciones carnales. Y debe señalarse que hubo un defecto en la formación de la primera mujer, ya que fue formada de una costilla curva, es decir, la costilla del pecho, que se encuentra encorvada, por decirlo así, en dirección contraria a la de un hombre. Y como debido a este defecto es un animal imperfecto, siempre engaña. Porque dice Catón: "Cuando una mujer llora, teje redes". Y luego: "Cuando una mujer llora, se esfuerza por engañar a un hombre"». (p. 50)
- «Si investigamos, vemos que casi todos los reinos del mundo han sido derribados por mujeres. Troya, que era un reino próspero, fue destruido por la violación de una mujer, Helena, y muertos muchos miles de griegos. El reino de los judíos sufrió grandes desdichas y destrucción a causa de la maldita Jezabel, y su hija Ataliah, reina de Judea, quien hizo que los hijos de su hijo fuesen muertos, para que a la muerte de ellos pudiese llegar a reinar; pero cada una de ellas fue muerta. El reino de los romanos soportó muchos males debido a Cleopatra, reina de Egipto, la peor de las mujeres. Y así con otras. Por lo tanto, no es extraño que el mundo sufra ahora por la malicia de las mujeres». (p. 52 y 53)

La idea de las mujeres dotadas de poderes mágicos que emplean contra los hombres era una antigua tradición y persistió a través de escritos, a través de la imaginación popular y se llegó a transmitir por toda Europa. Fue la llamada persecución de las brujas y dejó nuevamente una marca en la percepción de la mujer, de quién era y de cómo era, dando una visión distorsionada de su naturaleza y de sus capacidades.

Durante el Paleolítico era la Gran Diosa la que dictaba el destino del universo y de las mujeres y los hombres. En los inicios había equidad y después los cambios estructurales socio-económicos trajeron desigualdad. Desde el Neolítico nuestro rol, nuestra valía, nuestra esencia han ido desmereciéndose y todo ello ha quedado marcado a fuego en nuestro ADN y en nuestros huesos. Las memorias de todas las mujeres de la Historia viven en cada una de nosotras y esto nos recuerda la importancia y respeto del que gozábamos, pero también nuestro destierro a un lugar de menor relevancia y de dependencia, incluso de desprestigio.

Sabiendo todo esto, ahora se trata de recordar y reconectar con todo lo que ya era en un principio y desvelarnos a nosotras mismas el poder que habitamos. Recordemos, pues, nuestros dones.

Nuestros dones

Nuestros dones están profundamente conectados con la naturaleza cíclica de todo lo que nos rodea, con nuestra propia ciclicidad y con la energía femenina que habita en nosotras.

Si observamos la evolución de nuestra Historia, podríamos decir que, en sus inicios, el mundo era yin y yang. Estos dos conceptos del taoísmo describen la dualidad inherente al universo: el día y la noche, lo visible y lo invisible, la acción y la quietud, lo masculino y lo femenino. Me serviré de esta visión para explicar cómo han estado presentes, a lo largo del tiempo, ambas energías: la masculina y la femenina.

Podemos decir que el mundo era yang porque esta energía representa el principio activo, asociado al hacer, al Sol, a la razón, al movimiento, a la estructuración. Es la fuerza que impulsa, que avanza, que transforma y construye. En nuestra cultura occidental, solemos vincularla con lo masculino, y gracias a ella, el mundo fue desarrollándose.

Pero también era yin. Porque ya desde el principio existían la contemplación, el recogimiento, la escucha, la nutrición, la conexión con lo sutil, el fluir de los ciclos de la vida. Esa otra energía –vinculada a lo femenino– también estaba presente, aportando equilibrio, profundidad y sentido.

Por las evidencias encontradas, podríamos asociar ciertos aspectos de la energía yang con algunas pinturas rupestres que incitan a la acción, con los restos de antiguos asentamientos y con estatuillas que representan al hombre realizando alguna actividad. Estas manifestaciones sugieren una dimensión activa, proyectiva, propia del «hacer».

En contraste, los aspectos yin podrían vincularse a las estatuillas femeninas halladas en distintas culturas –las llamadas Venus– que muestran a la mujer desnuda, sin realizar ninguna acción concreta.

Estas figuras no representan tanto el «hacer» como el «ser». Su cuerpo, en estas representaciones, se percibe como sagrado: un canal de vida, un símbolo del principio nutridor de la comunidad. Se cree, además, que la mujer desempeñaba un rol central en la recolección, y que existían reuniones espirituales en las que la escucha, el círculo y el ritual eran protagonistas. De hecho, estas prácticas aún perviven en algunos pueblos indígenas.

Con el paso del tiempo –como hemos visto–, la balanza se inclinó hacia el lado yang, hacia la energía masculina. Desde mi percepción, vivimos en un momento en que la energía yin está pidiendo ser escuchada de nuevo. No se trata de sustituir una por otra, sino de recuperar el equilibrio perdido.

Vivimos en una sociedad claramente yang. Es una sociedad masculina en su forma de funcionar: valora la acción, la productividad, la conquista, el logro de metas. La vida se percibe como una línea recta que avanza sin detenerse, sin espacio para la pausa o la revisión.

En este contexto, la energía yin ha quedado desplazada. Es un tipo de energía que no estamos acostumbradas a apreciar porque hace tiempo fue silenciada. Pero es tan necesaria como su complemento. Yin y yang son fuerzas complementarias: una sin la otra está incompleta. Sólo su equilibrio puede generar armonía, tanto en el mundo como en nuestro interior.

El papel de la energía femenina es el de la semilla: se siembra, se cuida, se gesta… y, más adelante, florece. Pero para que algo nazca, antes debe haber silencio, calma, tiempo y cuidado. La energía yin es eso: contemplación, escucha, recogimiento. Es la parte receptiva, suave, no sujeta a la exigencia ni a la inmediatez. Es dejarse sentir, rendirse a lo que el cuerpo dice, soltar el control de la mente y volver al centro.

Cuando nos permitimos conectar con la energía yin, recuperamos soberanía. Porque estamos eligiendo escucharnos, atendernos, respetarnos.

Todas llevamos en nuestra esencia ambas energías, yin y yang. Pero en una sociedad yangnificada, que sobrevalora lo activo y lo externo, se nos ha enseñado a reprimir o despreciar nuestra parte yin. Nuestra tarea, ahora, es devolverle el valor. Y desde ahí, recuperar el equilibrio.

El mundo necesita yin. Necesita parar, escuchar, contemplar, nutrir, no exigir... Es el momento de reclamar esta energía en nuestra vida, de volver la mirada hacia dentro y reconocer nuestra verdadera esencia. Sólo así, este despertar interior podrá reflejarse también en un despertar exterior, hacia un mundo más equilibrado.

Y es que, desde tiempos antiguos, distintas culturas han buscado explicaciones al misterio de la existencia a través del equilibrio de fuerzas. Así como el taoísmo emplea la dualidad yin-yang para comprender el universo –una danza constante entre lo receptivo y lo activo, lo femenino y lo masculino, la noche y el día–, otras tradiciones recurrieron a una visión cuaternaria: la teoría de los cuatro elementos.

Sin ánimo de entrar en debates filosóficos ni exponer todas las corrientes que han reflexionado sobre ello, me interesa aquí ofrecer unas pinceladas para contextualizar la presencia de los cuatro elementos en este libro. Se trata de una mirada simbólica, ancestral, que puede ayudarnos a reconectar con los ciclos de la naturaleza... y con los nuestros.

La llamada «doctrina de los cuatro elementos», atribuida al filósofo presocrático Empédocles de Agrigento, sostiene que todo en el universo está compuesto por cuatro raíces fundamentales: tierra, agua, aire y fuego. Estos elementos, considerados eternos e indestructibles, se combinan y se separan en un movimiento constante que da lugar al nacimiento y la muerte de todo lo que existe. Más adelante, Aristóteles difundió esta teoría y añadió un quinto elemento: el éter, o quintaesencia, que simbolizaba lo eterno e incorruptible del cosmos.

De forma paralela, muchas culturas ancestrales, como nos cuenta De Anna L'Am (2006), han utilizado los cuatro elementos en sus ceremonias rituales. Invocarlos era una forma de salir del ritmo cotidiano y entrar en un espacio sagrado, compartido, donde el propósito común era elevar la conciencia, sanar o celebrar. En muchas tradiciones indígenas, además, los elementos se asociaban con los cuatro puntos cardinales, aunque estas correspondencias varían según la cultura.

En mi experiencia personal, y en los altares que construyo para mis rituales, suelo colocar los elementos así: al Norte, la tierra; al Este, el aire; al Sur, el fuego; y al Oeste, el agua.

Los cuatro elementos y las cuatro direcciones son considerados, en muchas tradiciones indígenas, como fuentes de energía sagrada y canales para conectar con el Espíritu. Invocarlos es honrar la presencia de lo invisible en lo cotidiano, abrirnos al equilibrio natural del universo y recordarnos que somos parte de un todo mayor.

A cada uno de estos elementos se le atribuyen cualidades arquetípicas que influyen en nuestra forma de ser, de sentir y de estar en el mundo:

- El fuego representa la iniciativa, la pasión, el empuje vital y la voluntad. Es energía que arde, que ilumina, que transforma. Reacciona con impulso, contagia entusiasmo y siempre busca una salida. El coraje y la creatividad son su huella.
- La tierra es firmeza, estabilidad, seguridad, tenacidad. Es la raíz que sostiene y nutre. Representa la fertilidad, la conexión con la naturaleza y el deseo de materializar ideas que funcionen y sean útiles. Nos ancla al presente.
- El aire simboliza la libertad, el pensamiento, la comunicación, el cambio y el desapego. No tiene límites definidos, ni en el pensamiento ni en la acción. Es el soplo que renueva, que estimula la mente, que impulsa el movimiento y la palabra.
- El agua es la emoción, la intuición, la intimidad, la adaptabilidad. Es el elemento de la empatía y la receptividad. Fluye y se amolda, penetra suavemente allí donde hay resistencia. Nos conecta con lo profundo y lo invisible.

Los cuatro elementos son energías arquetípicas que habitan en nosotras y en todo lo que nos rodea. Nos atraviesan, nos moldean y nos enseñan. También están relacionadas con la energía femenina y masculina, ya que cada uno de ellos encarna aspectos tanto yin como yang. Tradicionalmente, se ha asociado la tierra y el fuego con lo yang, lo masculino; y el aire y el agua con lo yin, lo femenino. Pero más allá de estas clasificaciones, lo que importa es comprender que todo está conectado. Que no hay separación real entre lo interno y lo externo, entre lo espiritual y lo cotidiano. Todo forma parte del mismo tejido: el gran ciclo de la vida, del que también forma parte nuestro viaje personal.

Y ese viaje, para muchas mujeres, implica un retorno. Un regreso a sí mismas. A su esencia, a su verdad, a su poder olvidado o silenciado.

Aquí es donde cobra sentido el trabajo de Maureen Murdock y su propuesta.

Murdock (1991) señala que las mujeres han sido históricamente caracterizadas como seres descentrados, volubles, demasiado emotivas para ser eficaces. Estas etiquetas de debilidad, inferioridad y dependencia –aún presentes en muchos contextos– son herencias culturales profundamente arraigadas. Proceden de siglos de discursos dominantes: desde las leyes patriarcales de la Roma antigua hasta los textos religiosos, desde los mitos homéricos hasta el temido Malleus Maleficarum. En el capítulo anterior abordé estos orígenes.

Para sobrevivir –y sobre todo, para demostrar su valía– muchas mujeres han sentido la necesidad de adoptar valores tradicionalmente masculinos: el éxito laboral, el reconocimiento externo, el prestigio. Pero ese camino, nos dice Murdock, no es el final del viaje. Es apenas una etapa. La verdadera transformación comienza cuando emprendemos el retorno hacia nosotras mismas.

Y es precisamente al final de esa etapa, cuando ya se ha conquistado ese terreno –una buena posición profesional, reconocimiento social, estabilidad económica–, cuando puede aflorar una pregunta silenciosa pero persistente. Una pregunta que surge, incluso, habiendo sostenido todo eso mientras se crían hijos o se sostiene una familia: «¿Y ahora qué? ¿Para qué todo esto?».

Esa pregunta suele nacer del vacío que deja una desconexión profunda con la propia naturaleza femenina. En muchas ocasiones, este modo de estar en el mundo –el de la mujer que se ha puesto una armadura masculina para avanzar– me recuerda al «viaje del héroe» descrito por Joseph Campbell.

El «viaje del héroe» es la travesía que emprende el personaje masculino en busca de sí mismo. Es una aventura iniciática que lo lleva fuera de su mundo conocido, le presenta desafíos, lo enfrenta a sus miedos y, a través de ellos, lo transforma. Es el eje de muchos mitos antiguos y de numerosas historias contemporáneas: Frodo en El señor de los anillos, Luke Skywalker en La guerra de las galaxias…

Pero también existe «el viaje de la heroína». Maureen Murdock (1991) lo describe como un recorrido interior que comienza precisamente cuando la mujer, después de haber vivido bajo los códigos del éxito masculino, se detiene y se pregunta: «¿Y ahora qué?». Ese momento suele llegar cuando la energía yin ha estado ausente durante demasiado tiempo, cuando hemos actuado mucho y sentido poco, cuando nos hemos desconectado de nuestra esencia. Entonces, el viaje se presenta ante nosotras. Nuestro viaje es distinto. No es un viaje hacia fuera, sino hacia dentro. Es un viaje hacia las profundidades de nuestro ser y de nuestra psique, allí donde habita la esencia de nuestra energía femenina. Esa energía, tan olvidada, necesita ser recuperada. Sólo así podrá coexistir con nuestra energía masculina y aportarnos equilibrio y sanación.

La curación está en nosotras.

Nuestra Historia –grabada en nuestros huesos, en nuestras células, en nuestra memoria ancestral– nos habla de ese principio femenino. Nos habla del respeto a la Diosa, de la mujer como representación suya. Es ahí donde debemos buscar para recordar quiénes somos.

Nuestra naturaleza intrínsecamente femenina es creadora, cuidadora, escuchadora, receptiva, intuitiva, emocional, cíclica, corporal, nutridora... Si hemos vivido desconectadas de todo esto, si lo hemos ignorado o reprimido, tarde o temprano aparecerá un vacío. Y con él, la pregunta que nos hará detenernos y repensarnos.

Nuestra tarea es volver a respetar y comprender esa naturaleza femenina que tanto desconocemos. Llevamos una herida común: se nos ha hecho creer que lo que sentimos no es válido, que nuestra intuición no es confiable. Pero en lo más profundo sabemos que sí lo es. Y si miramos adentro, lo veremos.

La curación está dentro de la mujer misma. Y comienza cuando decidimos escucharnos, cuando empezamos a nutrir nuestro cuerpo y nuestra alma. Cuando reclamamos nuestra intuición, nuestros sentimientos, nuestra sexualidad, nuestra creatividad y nuestra ciclicidad.

Maureen Murdock dice que las imágenes de la Diosa son un reconocimiento del poder femenino que no depende del hombre, ni nace de la mirada patriarcal. La Diosa representa lo que tanto nos ha faltado: imágenes positivas de nuestro poder, de nuestros cuerpos, de nuestra voluntad, de nuestras madres.

Mirar a la Diosa es mirarnos a nosotras mismas. Es recordarnos en plenitud. Y ese recuerdo está grabado en nuestra impronta biológica, en nuestro ADN, fruto de las vivencias de nuestros ancestros femeninos y de todas las mujeres que nos han precedido.

El camino de vuelta a casa es hacia dentro. Por eso, te propongo emprenderlo juntas: un viaje interior a través del ciclo natural de la vida y de tu propio ciclo. Para que reconectes con tu mujer de poder. Para que recuerdes tus dones. Y para que recuperes tu poder.

Primer don: La conexión con la Luna

Los principios que rigen la vida son cíclicos: el ciclo de la naturaleza, el ciclo de la Luna y el ciclo de la vida. Todo nace, crece, se desarrolla, envejece, muere y vuelve a empezar.

Desde la Antigüedad, la Luna ha sido un astro que ha fascinado al ser humano. Se la relaciona con los ritmos de la vida, pues influye en las mareas y las aguas, en las plantas, en los animales y en los seres humanos. Mircea Eliade (1990), filósofo e historiador de las religiones, dice que : «la Luna crece y decrece, desaparece. Su vida está sujeta a la ley universal del devenir, del nacimiento y de la muerte».

Nosotras somos un reflejo de la Luna y su camino circular en cada ciclo lunar es el nuestro, del mismo modo que lo hacemos nosotras. Influencia las aguas y los fluidos, y nuestra sangre es en sí agua de vida, con lo que influye en ella también. Ella se refleja en nosotras y nosotras en ella. Del mismo modo que aspectos propios se ven reflejados en nuestros hijos, los aspectos de la naturaleza como la Luna, se ven reflejados en nosotras, que somos, al fin y al cabo, sus hijas. Por ejemplo, la Luna llena es un momento de culminación, de clímax; de hecho, representa la estación del verano, que es cuando se cosecha y se recogen los frutos de la siembra. Si no te has fijado, observa cómo te sientes en esos días y observa a la gente de tu alrededor. Seguramente notarás que no duermes muy bien, con una peor calidad del sueño, verás que la gente conduce de un modo más agresivo, como si estuviesen más agitados de lo habitual y notarás esta sensación de nerviosismo en el aire, y quizás en ti también.

Eneko Ayechu y Unai Mancho (2016) nos hablan en un artículo sobre la influencia de la Luna en las labores de la huerta. Nos cuentan que, desde tiempos antiguos, los agricultores observaron que las fases de la Luna influían en la producción de los cultivos, estimulando la rápida germinación o retrasándola. Debido a que los rayos lunares tienen la capacidad de penetrar a través del suelo, según la intensidad propia de cada fase, éstos intervienen en la germinación y crecimiento de las plantas.

La doctora Christiane Northrup nos explica que en la Antigüedad algunas culturas llamaban «lunares» a los períodos menstruales, pues las mujeres acostumbraban a menstruar con la Luna negra y ovulaban con la Luna llena.

Estos ejemplos nos muestran cómo la Luna influye en nuestras vidas y en nosotras especialmente por la conexión con el ciclo menstrual. Los primeros calendarios fueron lunares: las fases de la Luna y la situación de los planetas en el cielo servían de referencia para la medición del tiempo. De hecho, fueron las mujeres quienes desarrollaron la conciencia de calendario gracias a su calendario corporal del ciclo menstrual, relacionado con la observación de las fases lunares.

- Hace 3000 años las mujeres chinas establecieron un calendario lunar, dividiendo la esfera celestial en 28 casas estelares, por las que la Luna pasaba.
- Entre los mayas de América Central, cada mujer sabía que el gran calendario maya se había basado al principio en sus ciclos menstruales.
- Las palabras para «calendario» y «menstruación» en gaélico son las mismas: «miosachan» y «miosach».
- Los sacerdotes babilonios decían que el dios Marduk estableció los días festivos y las estaciones según la Luna.
- Los paganos celebraban sus festivales de noche, con la Luna como testimonio, una costumbre que se remonta al antiguo Egipto, donde la mayoría de las ceremonias religiosas eran nocturnas, tal y como se puede ver en el *Libro de los muertos*.
- La Europa precristiana daba también preferencia a la noche por encima del día. Las tribus germánicas, los celtas, los druidas y los

antiguos irlandeses calculaban los meses, años y aniversarios de manera que la noche precedía al día.

Todos estos ejemplos de la Historia y muchos más nos dicen que nuestra relación con la Luna viene de muy lejos, de siempre, diría yo, y que saberlo nos llena una laguna vacía de conocimiento en cuanto a cómo experimentamos nuestra vida y los cambios en ella.

La Luna da una vuelta completa alrededor de la Tierra y este proceso tiene una duración de 29,5 días. Un ciclo lunar consta de 8 fases y las fases generales y más conocidas son 4: la Luna nueva, el cuarto creciente, la Luna llena y el cuarto menguante.

Para acercarte a la influencia que la Luna ejerce en ti a nivel personal, he elaborado este esquema basado en una guía que propone Leslie Carol Botha entre la relación de cada fase lunar y los niveles de energía y de productividad. Ello te permitirá ver cómo te afecta y que puedas así tenerlo en cuenta en tu día a día.

Tu energía y productividad en todas las fases de la Luna

	*Luna negra*	Niveles bajos de energía. Momento de reflexión y meditación antes de nuevos comienzos.
	*Luna nueva*	Nuevas intenciones y propósitos. Primer día del ciclo.
	*Creciente*	La energía sube. Momento de iniciar los objetivos de la Luna nueva. Tener una buena planificación. La energía regresa. Momento de renovación.
	*Cuarto creciente*	Preparada, lista, ya. Momento de actuar. Resurge.
	*Creciente gibosa*	Momento para ofrecer apoyo. Relaciónate socialmente. Momento para beneficiarte mutuamente de los encuentros con otros.

llena	Momento poderoso. Momento de nutrirse. Momento de realización respecto a tus objetivos de la luna nueva. Lanzarse. Momento de mover montañas.
menguante gibosa	Tiempo de cosecha. Culminación de tus propósitos de la luna nueva. Sentir alegría manifestada.
Cuarto menguante	Momento de reflexionar sobre tus logros y dejar atrás aquello que te ha estado frenando.
Menguante	Momento de recibir en lugar de dar. Ir hacia dentro. Parar. Momento de descanso.

El diagrama lunar

El diagrama lunar es una práctica que te permitirá obtener una visión global y con perspectiva de lo que te sucede cada mes a nivel cíclico. Es una herramienta para obtener un mapa de ti misma, de cómo están tus niveles de energía, de cómo funciona la conexión contigo y con los demás, de cómo te afectan las cosas, de cómo están las cosas por dentro y de cómo están por fuera.

¿Para entender no resulta muy útil un manual de instrucciones? Pues tu manual de instrucciones es tu ciclo, plasmado en un diagrama lunar.

Lo ideal sería comenzarlo con el primer día de la menstruación, si menstrúas; o contando a partir del primer día de tu última regla para saber en qué día del ciclo te encuentras ahora. Si ya no menstrúas lo bueno sería comenzar el diagrama con la Luna negra.

Para empezar, lo ideal sería imprimir el diagrama en tamaño DIN A-3. De este modo hay más espacio para escribir y el formato grande y circular te permite una apreciación visual fantástica de todo tu ciclo.

Una vez imprimido, toma tu diagrama y elige una de las particiones. En la parte interna puedes escribir el número 1 y la fecha, así verás cuál es el primer día para el diagrama. Una vez colocado el número, pinta la fase de la Luna en el círculo que acompaña a la partición. Es una buena manera de ver cómo va tu ciclo acorde con la Luna; y si ya no menstrúas, también podrás ir observando cómo te sientes según la fase de la Luna y si los patrones de energía y productividad del apartado anterior se corresponden a cómo tú te sientes y los vives.

También es muy interesante que apuntes en qué estación del año te encuentras (si ya has escrito la fecha, es suficiente) y también tu edad, pues ello también influirá en cómo vives tu ciclo. A continuación, en el espacio más amplio, escribe los elementos más relevantes del día, aquello que destacarías de tu día relacionado con tus pensamientos, sensaciones, algo que requiera de un pequeño texto para expresarte desde dentro.

Una vez completado, te recomiendo pintar este espacio que acabas de rellenar con el color que quieras adjudicarle a cada fase del ciclo. Pero esta parte será algo que realizarás en tus próximos diagramas, pues para poder hacerlo, será muy valioso conocer tu ciclo más a fondo, que es lo que verás en el resto del libro.

Entonces, te será más fácil reconocer en qué momento estás y pintarlo así de un color determinado para observar tus patrones y tenerlos en cuenta. Yo elegí el color rojo para mi fase menstrual, el verde para la preovulatoria, el azul para la ovulatoria y el lila para la premenstrual. Pero tú puedes elegir los colores que quieras.

Después, para aspectos concretos y que se pueden clasificar mejor, puedes rellenar la tabla que acompaña al diagrama circular. Ésta tiene la función de mostrarte muy claramente aspectos del ciclo que se repiten y te permitirá así consultar de un modo rápido y visual qué has vivido en cada ciclo, cada mes.

Te propongo una tabla en la que marcar en cada círculo si has sentido los aspectos propuestos de un modo destacado. Puedes poner un símbolo para dejar constancia.

Los aspectos propuestos son los siguientes:

- Energía
- Emociones
- Sueños
- Creatividad
- Conexión conmigo
- Intuición
- Hinchazón
- Inspiración
- Hambre
- Ganas de dejar ir

Por ejemplo, si el día 1 del ciclo me siento baja de energía, colocaré un símbolo en el círculo del día 1. Si los días 24, 25, 26, 27 y 28 de mi ciclo tengo sueños muy vívidos y que siento que me están queriendo decir algo, marco cada uno de estos días y de los días 1 al 23, no pongo nada porque los sueños no han sido destacables o no me acuerdo de ellos. Y así con todos los aspectos propuestos.

Si hay otros aspectos que quieras incluir puedes usar el apartado de «Notas» para ello.

He elegido estos aspectos por ser los que he visto de modo más destacado y recurrente en las mujeres con las que he trabajado, en las mujeres de mi vida y en mí.

Debajo de los aspectos propuestos hay dos puntos también relevantes como son el del «dolor» y su intensidad y el del «sangrado» y su intensidad.

Estos dos puntos son para ti si aún estás menstruando, y si ya no sangras, puedes dejarlo en blanco, claro.

Llevar un seguimiento de todo lo que te propongo te dibujará un mapa que te dirá qué esperar cada mes y qué puede estar cambiando. Te mostrará patrones que te permitirán conocer cómo funciona tu cuerpo, tu mente y tus emociones en cada fase.

Mi Luna

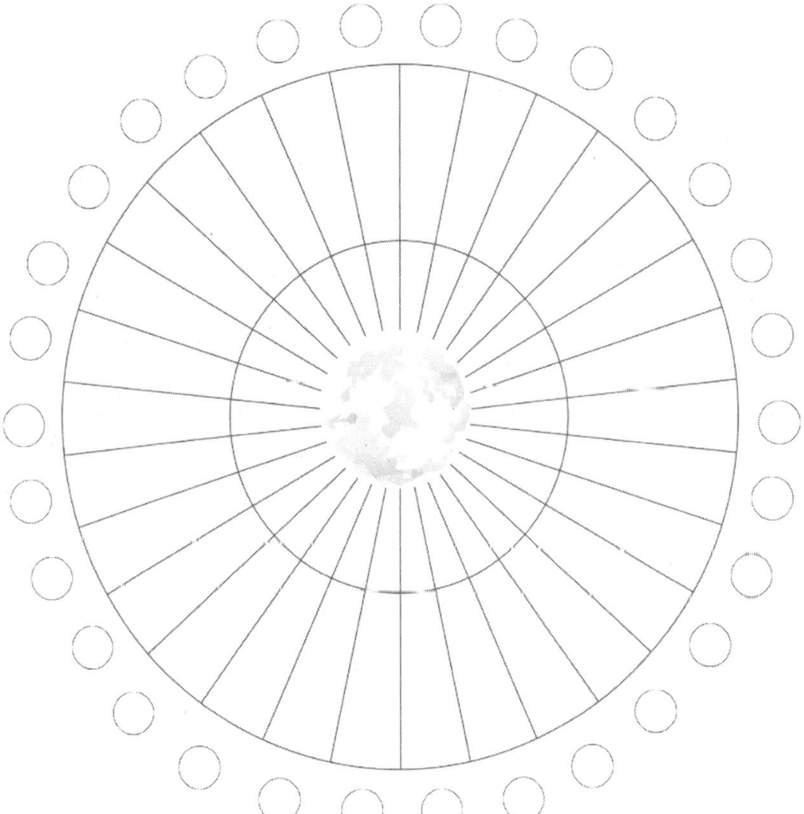

Observo…

	1	2	3	4	5	6	7	8	9	10	11	12	13	14	15
Energía															
Emociones															
Sueños															
Creatividad															
Conexión conmigo															
Intuición															
Hinchazón															
Inspiración															
Hambre															
Ganas de dejar ir															

Sangrado Nivel 1-10

Dolor Nivel 1-10

Notas

Observo…

	16	17	18	19	20	21	22	23	24	25	26	27	28	29	30
Energía															
Emociones															
Sueños															
Creatividad															
Conexión conmigo															
Intuición															
Hinchazón															
Inspiración															
Hambre															
Ganas de dejar ir															

Sangrado Nivel 1-10

Dolor Nivel 1-10

Notas

Segundo don: La conexión con el útero

El ciclo a nivel fisiológico

Nuestros dones se manifiestan a través del cuerpo, así que comenzaremos por explorar una parte esencial de él: nuestros órganos sexuales, íntimamente ligados a nuestro ciclo.

Muchas de nosotras los conocimos por primera vez en las clases de anatomía del colegio, a través de ilustraciones en libros o, más recientemente, mediante páginas web que ofrecen información detallada. Sin embargo, ese conocimiento suele ser teórico, externo, a veces distante. Por eso, te propongo ir un paso más allá: acercarte a tu cuerpo desde la experiencia directa.

Nuestros órganos sexuales externos no siempre son fáciles de observar, ya que su posición no permite verlos con claridad. Si aún no lo has hecho, te invito a coger un espejo de mano, sentarte cómodamente y mirarte. Observar tu cuerpo con calma, con curiosidad, con cariño. Conocer tu cuerpo es una forma de conocerte a ti misma.

En cuanto a los órganos internos –todo un universo que habita en nuestro interior–, no podemos verlos directamente, pero probablemente ya te resulten familiares por las imágenes y esquemas que los representan. Conocer su anatomía también es una forma de acercarnos a nosotras, de habitar nuestro cuerpo con más conciencia.

Y para profundizar en esa conciencia, también necesitamos comprender cómo funciona nuestro cuerpo desde el punto de vista fisiológico.

En los próximos párrafos encontrarás una explicación más científica sobre el ciclo menstrual. Puede que suene algo más técnica que el resto del texto, pero he querido incluirla porque creo que es esencial.

Muchas de nosotras hemos crecido desconectadas no sólo de nuestras emociones, sino también del conocimiento básico sobre nuestro propio funcionamiento biológico. Saber cómo opera nuestro ciclo no es sólo un dato: es una forma de empoderarnos, de recuperar soberanía sobre nosotras mismas, de honrar la sabiduría que encierra nuestra biología.

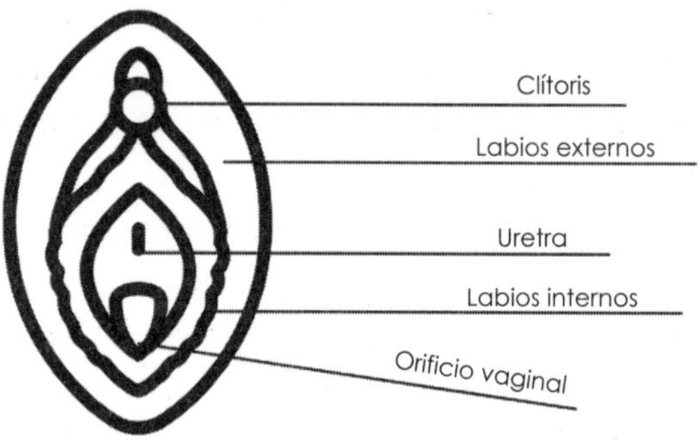

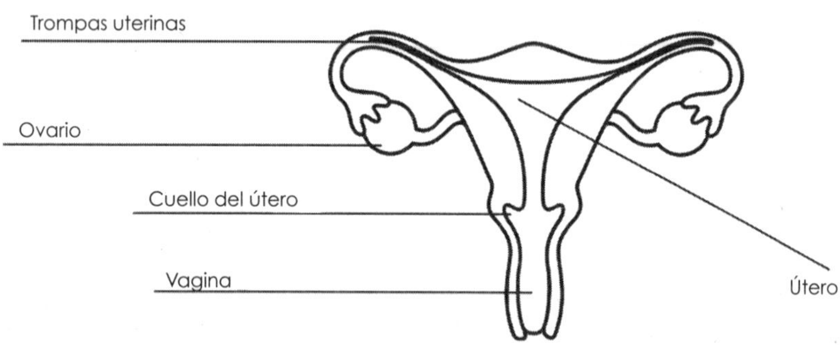

El primer día del sangrado se considera el principio de cada ciclo menstrual (día 1) y el ciclo termina justo antes de la siguiente menstruación. Los ciclos menstruales normales se dice que tienen una duración de entre 25 y 36 días y sólo del 10 al 15 % de las mujeres tienen ciclos de 28 días. Por lo general, los ciclos son irregulares en los años inmediatamente después al inicio de la menstruación (menarquia) y en los años anteriores a la menopausia.

El promedio del sangrado es aproximadamente de unos 5 días, variando entre 3 y 7 días. Las hormonas son las que regulan el ciclo menstrual. Existen la hormona luteinizante y la foliculoestimulante, que son producidas por la hipófisis y son las encargadas de promover la ovulación. Ellas estimulan a los ovarios para producir estrógenos y progesterona. Los estrógenos y la progesterona estimulan el útero y las mamas para prepararse para una posible fecundación.

El ciclo menstrual tiene tres fases: la folicular (que se produce antes de la liberación del óvulo), la ovulatoria (que es cuando se produce la liberación del óvulo) y la lútea (que sucede después de la liberación del óvulo).

Al inicio de la fase folicular, los niveles de estrógenos y progesterona son bajos y esto provoca la descomposición y el desprendimiento de las capas superiores del revestimiento del útero, llamado endometrio, y entonces tiene lugar la menstruación. En esta fase, el nivel de la hormona foliculoestimulante aumenta un poco y estimula el desarrollo de varios folículos de los ovarios. En cada folículo hay un óvulo y más tarde en esta fase, a medida que la concentración de la hormona foliculoestimulante va disminuyendo, sólo un folículo sigue su desarrollo y éste produce estrógenos.

Entonces comienza la fase ovulatoria con un aumento en la concentración de las hormonas luteinizante y foliculoestimulante. La hormona luteinizante estimula la liberación del óvulo, que suele ocurrir entre 16 y 32 horas después de que comience a aumentar. El nivel de estrógenos llega a su punto máximo y el nivel de progesterona comienza a elevarse.

En la fase lútea descienden las concentraciones de las hormonas luteinizante y foliculoestimulante. El folículo se cierra después de haber liberado el óvulo y forma lo que se llama el cuerpo lúteo, que produce progesterona. Durante la mayor parte de esta fase, la concentración de estrógenos es alta. La progesterona y los estrógenos provocan un mayor engrosamiento del endometrio, que se prepara para una posible fertilización.

Si el óvulo no se fertiliza, el cuerpo lúteo degenera y deja de producir progesterona, el nivel de estrógenos disminuye, se descomponen y desprenden las capas superiores del revestimiento y llega la menstruación y se inicia un nuevo ciclo menstrual.

Si el óvulo es fecundado, el cuerpo lúteo continúa funcionando durante las etapas iniciales del embarazo.

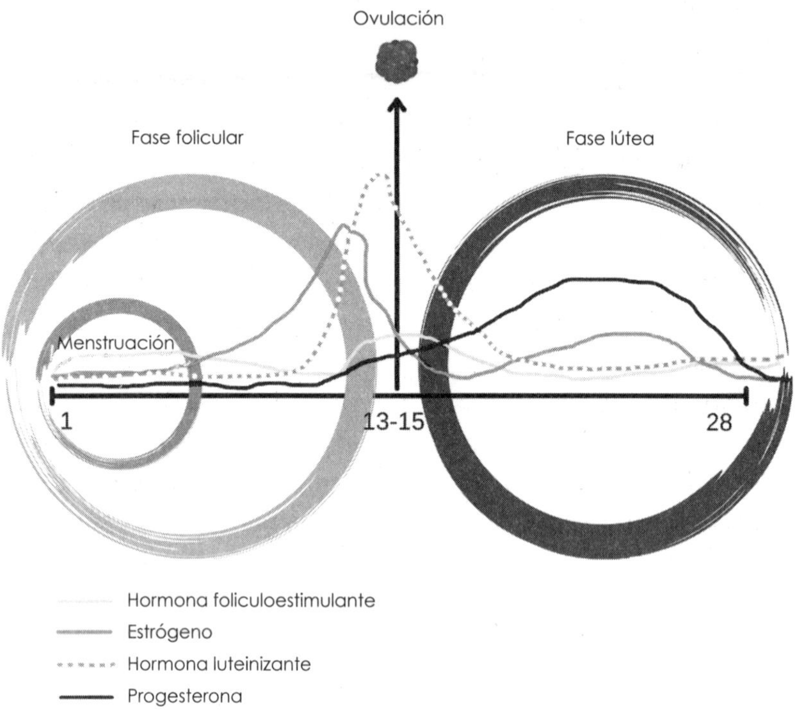

El significado de nuestro útero: Poder creativo

El útero es un órgano que durante mucho tiempo sólo se ha valorado en su función de gestar a un bebé y que, cuando una mujer decide no tener hijos, o no puede tenerlos, pierde todo interés. De hecho, yo misma no le había prestado nunca atención. Solamente cuando tenía dolores menstruales y cuando me quedé embarazada.

Por ello me gustaría compartir un testimonio que aporta la doctora Christiane Northrup en su libro *Cuerpo de mujer, sabiduría de mujer.* Se trata del comentario de un médico respecto al útero y a sus funciones: «El útero existe para desarrollar bebés o para desarrollar cáncer». Esta visión me parece increíble, pero era la visión que se tenía y que, por suerte, ha ido cambiando, aunque debe cambiar aún más. Vamos a recordar aspectos de sabiduría que se han perdido, y que podrían cambiar esta concepción tan unilateral de para qué sirve el útero.

¿Sabías que la palabra *delfos* del griego significa «útero/matriz»? ¿Y conoces el oráculo de Delfos? La palabra *delfos* viene del griego Δελφοί *(Delphoi)* derivado de δελφύς *(delphys* = útero, matriz) y se vincula a la raíz indoeuropea *g^{w}elbh- (vientre). Robert Graves en sus *Mitos griegos* nos explica que el más famoso y antiguo oráculo de Grecia, el de Delfos, era donde se adoraba a la Madre Tierra, de hecho, todos los oráculos los pronunciaba en un principio la Diosa Tierra. Se dice que en un lugar concreto del monte Parnaso, un pastor vio que su rebaño se comportaba extrañamente al acercarse a una grieta de la que salían unos vapores. Él se acercó también y empezó a profetizar. A partir de ahí la noticia se extendió y varias mujeres fueron designadas para transmitir esos mensajes que procedían de la tierra. El oráculo era vigilado por la gran serpiente o dragón Pitón, hijo de la diosa Gea (la Tierra) y la versión más divulgada dice que el dios Apolo mató a Pitón con su arco y tomó posesión del oráculo.

Descubrir aspectos como éste reafirman mi creencia en que volver a la sabiduría ancestral puede responder muchas dudas y llenar lagunas de conocimiento. En tiempos pasados, de un modo u otro, el poder de nuestro útero o matriz era reconocido, pues, como podemos apreciar, el oráculo más famoso llevaba su nombre.

Fijémonos también en que nuestro útero está situado en el centro inferior de la pelvis, en el medio de la cavidad pelviana, también llamado Hara en la cultura oriental. Éste es el centro corporal en el bajo vientre (que también incluye los ovarios). El Hara es el centro vital del ser, es el «mar de la energía» y está relacionado con el poder, la pasión y la creatividad. Es lógico que sea así, pues el útero es el receptáculo que acoge a una nueva vida que va a nacer.

El útero es mucho más que poder gestar a un bebé, es un órgano poderoso que nos pone en contacto con nuestra creatividad, con nuestro poder y con nuestra pasión. Y estos aspectos son más bien aspectos energéticos y no tan físicos.

Si estás familiarizada con la teoría de los chakras, se dice que los órganos sexuales internos están relacionados con el segundo chakra. Éste gobierna la dulzura y la motivación y pasión en la vida. Se asocia al placer, a la sensibilidad, al movimiento, a los cambios y a la sexualidad. Está relacionado con la creatividad, el sentir, el desear y el crear. Rige también los instintos de supervivencia, buscando la seguridad, así pues, el dinero también está asociado al segundo chakra por la seguridad que nos brinda.

Todo lo que estamos viendo en este capítulo nos habla de que nuestros órganos sexuales internos, de que nuestro útero o matriz, deben ser tomados en consideración. Son una parte muy importante de nuestro ser y su función va mucho más allá de la que se nos ha explicado a nivel médico.

La doctora Northrup dice que la salud de la mujer depende de que se sienta capaz, competente o poderosa para crearse abundancia, estabilidad económica y emocional, y para expresar plenamente su creatividad. Y también nos habla de que podemos sentirnos frustradas por no poder efectuar los cambios que necesitemos hacer en nuestras vidas. Tener presente todo esto y ser conscientes de ello nos permitirá vivir acorde a lo que necesitamos.

Los órganos sexuales son, por tanto, mucho más que el útero que gesta una vida o los ovarios que cada mes sueltan un óvulo. De hecho, todo el aspecto energético nos habla, al fin y al cabo, del sentido de identidad más íntimo de la mujer y de todo su mundo interior. El útero simboliza los sueños que queremos realizar y los «yoes» a los que nos gustaría dar a luz. En él está la creencia y la fe en nosotras mismas.

Tener presente nuestro útero en los procesos creativos es una manera de ser conscientes de él y de darle espacio en nuestra vida. Es importante en nuestra naturaleza cíclica, y cuanto antes lo reconozcamos y le demos el lugar que debe ocupar en nuestras vidas, mejor para nosotras. Y para ello, te propongo una actividad muy agradable e inspiradora que comenta la doctora Northrup, y que yo me he tomado la libertad de transformar en una visualización del útero. Vamos a imaginar el útero como la tierra, ya sea simbólica o biológica, en la cual van a desarrollarse, con el tiempo, las semillas creativas de los ovarios. Y con ello vamos a activar nuestro segundo chakra.

Visualización del útero

Para esta actividad te pido que te tomes un momento para ti. Elige un lugar en el que te sientas a gusto y en el que nadie vaya a interrumpirte. Pon una música relajante de fondo y elige dónde vas a sentarte. Lee primero el texto para que después puedas realizar la visualización.

> *Sentada de manera confortable y cómoda, cierra los ojos y respira profundamente. Continúa respirando de manera tranquila y profunda, soltando la tensión de tu cuerpo.*
>
> *Imagina ahora cómo de tus pies nacen unas raíces, unas raíces que se adentran en la Madre Tierra. Siente la humedad de la tierra en tus pies y te sientes arraigada y poderosa.*
>
> *Inspira profundamente por la nariz y deja salir el aire por la boca, y con cada respiración te sientes cada vez más relajada y más a gusto y vas viendo cómo las diferentes tensiones de tu cuerpo van desapareciendo y, del mismo modo, las preocupaciones y problemas que te hayan podido acompañar hasta aquí.*
>
> *Siente ahora el contacto con la tierra y siente cómo te acoge. Te sientes a gusto, te sientes bien y muy cómoda. Con cada inspiración sientes tu relación con la Madre Tierra, y con cada espiración, sientes el gran espacio que se abre ante ti: el cielo y el universo.*
>
> *Ahora voy a pedirte que centres tu atención en tu bajo vientre, en el lugar en el que se encuentra o se encontraba tu útero. Quiero que sientas su presencia, la energía poderosa que se concentra en esta zona de tu cuerpo. Simplemente siéntela. Observa esta parte de tu cuerpo como un campo fértil.*
>
> *Ahora centra tu atención en uno de tus ovarios, en la energía que allí se genera. No importa si ya no los tienes, su energía está*

presente en ti. Céntrate en él y observa cómo de él sale un óvulo. Este óvulo representa esa idea, ese proyecto, ese cambio, ese YO que quieres ver nacer en tu vida. Míralo y focaliza en lo que quieres que simbolice para ti, ahora, en este momento de tu vida.

Una vez que lo veas claro y sepas qué representa, vas a ver cómo pasa a través de la trompa uterina y se dirige al útero, cómo se asienta allí, en la tierra fértil que lo hará crecer y madurar.

Ahora riega esta semilla que has plantado en tu centro energético y creativo y verás como crece y visualizarás cómo se materializa en tu vida desde la certeza de tu corazón.

Observa cómo esa idea, ese proyecto, ese cambio, o lo que sea que representa esta semilla plantada en tu tierra fértil, crece, crece y crece y forma parte de tu vida en la manera que tú lo desees. Tómate tu tiempo para sentirlo, para integrarlo en ti.

Una vez que hayas terminado, podrás ir volviendo al estado de consciencia. Comienza moviendo los pies, las piernas, los dedos de las manos, las manos, los brazos, el cuello y finalmente, cuando estés preparada, abre los ojos.

Te recomiendo que escribas lo que has visto, sentido, experimentado… para que puedas ponerle palabras y para que puedas consultarlo siempre que lo desees, y tengas acceso a la semilla que ya has plantado.

Ya no tengo útero

Muchas mujeres, entre ellas mi madre, han perdido su útero por distintas razones. A esta intervención se la llama histerectomía, que es el procedimiento quirúrgico para extirpar el útero. Los ovarios, las trompas uterinas y la vagina superior no son extirpados, a no ser que deba practicarse una histerectomía total.

Las causas por las que se practican intervenciones de este tipo son, entre otras: fibromas, endometriosis, cáncer, prolapso uterino, sangrado uterino anormal, dolor pélvico crónico, etc.

Después de una histerectomía en la cual se conserven los ovarios, la mujer puede prepararse para incorporar la menopausia en su vida en el plazo de aproximadamente cinco años. Cuando los ovarios se quitan con el útero, la mujer experimentará el inicio de la menopausia inmediatamente. Esto es porque la función ovárica normal es responsable de la producción de hormonas reproductivas femeninas.

Recomiendo leer el capítulo sobre la menopausia del libro *Cuerpo de mujer, sabiduría de mujer* de la doctora Northrup. En él explica muy detalladamente lo que sucede en el cuerpo cuando la menopausia se produce de manera artificial debido a una intervención y qué puede hacerse al respecto.

Puesto que yo no soy doctora en medicina ginecológica, ruego que si alguien tiene preguntas específicas sobre el tema, lo haga a su ginecólogo o ginecóloga. Esta parte del libro solamente pretende poner a las mujeres en contacto con esta realidad.

Una intervención de este tipo afecta a muchas mujeres, que creen que dejan de ser válidas como mujer y sienten que han quedado totalmente vacías. En un estudio que se realizó a 52 mujeres chilenas a las que se les había practicado una histerectomía por parte de la Escuela de Enfermería de la Universidad Pontificia Católica de Chile, se constató que éste era uno de los sentimientos que afloraba en ellas.

Para las mujeres que sienten que han dejado de tener una parte importante de su identidad como mujeres, les digo que la parte energética sigue ahí. Si recuerdas el tema energético que he comentado al hablar de los chakras y de la relación de los órganos sexuales internos con el segundo, cabe señalar que la energía sigue fluyendo en estos centros energéticos del cuerpo. Aun cuando ya no tengas útero u ovarios, su memoria energética sigue estando en su sitio.

No siento la ciclicidad

Algunas mujeres me han comentado a lo largo de los años que no han sentido o que no sienten la ciclicidad, que no han sentido o sienten el ritmo de su ciclo. Algunas de ellas no lo sentían cuando menstruaban y otras no lo sentían ni entonces ni al llegar a la menopausia.

El hecho de no sentir el ciclo durante la menopausia puede ser muy normal si durante los años de sangrado no se ha prestado atención a él, pues cuando ya no sangramos, nos movemos dentro de un arquetipo que bebe de lo vivido y experimentado y que engloba los diferentes arquetipos y fases vividas; como una vuelta a la fuente primigenia, pero usando la sabiduría acumulada. Cuando una mujer menstrúa y conoce las fases del ciclo y escucha y realiza una serie de prácticas para sintonizar con él, debería poder conectar; pero pueden existir muchas causas por las que podría no ser posible.

Al recibir preguntas de varias mujeres, le escribí a Jane Hardwicke Collings, creadora de la School of Shamanic Womancraft, mujer sabia con experiencia en este campo, y me hizo algunas preguntas que me llevaron a entender las posibles causas por las que una mujer podría no sentir su ciclo. Aquí puedes ver mis reflexiones a las preguntas que me hizo Jane. Si éste es tu caso, las preguntas a continuación pueden ayudarte a desvelar la causa. Asimismo, comentar que estas preguntas se basan en que la mujer todavía menstrúa, pero te aconsejo usarlas también si ya estás en la menopausia y nunca antes habías sentido tu ciclo. Te harán escuchar, mirarte desde dentro y te conectarán contigo.

- **¿Usas o usabas un método anticonceptivo hormonal como la píldora, el dispositivo intrauterino (DIU) hormonal (mirena), Depo provera (inyección anticonceptiva), el implante anticonceptivo, etc.?**
  Si la respuesta es «sí», no sientes o no sentías el ritmo del ciclo porque no tenías uno. Los métodos anticonceptivos hormonales engañan a tu cuerpo. Tomemos la píldora como ejemplo. Muchas mujeres no se dan cuenta de que cuando toman la píldora, lo que realmente están haciendo es suprimir la menstruación. Métodos como la píldora no te dan un sangrado natural, te dan un sangrado artificial.

  La píldora funciona volviendo loco a tu cuerpo, haciéndole creer que estás embarazada. Espesa el fluido cervical, haciendo que la vagina quede inhabitable para el esperma, y no sólo eso, evita también que ovules. La píldora y los métodos anticonceptivos hormonales te provocan un estado artificial de ser.

- **¿Conocías que tenías un ciclo? ¿Le prestabas atención a los cambios físicos y emocionales durante el mes?**
Yo misma no sabía nada de mi ciclo, de hecho creía que el ciclo menstrual era la regla y ya está. Todo lo que me habían contado lo había escuchado en la escuela, cuando tenía unos 10 años de edad en clase de Ciencias. Cuando comencé a descubrir el mundo de la mujer más de cerca, me topé con la información referente al ciclo menstrual y comencé a observarme y a escucharme. Ahí fue cuando pude darme cuenta de que sí tenía un ciclo, pues pude desentrañar y entender las sensaciones, emociones, pensamientos y acciones durante mi ciclo; pero hasta que no me puse a ello, podría decirse que no lo sentía, porque no era consciente de él.

  Si ahora estás descubriendo tu ciclo y te parece que no lo sientes o no lo has sentido nunca, no te preocupes, pues aquí lo explorarás de cerca para que puedas sintonizar con él. De hecho, con el diagrama lunar puedes ponerte ya manos a la obra.

- **¿Cuáles fueron las experiencias de tu madre y de tu abuela, o de tu hermana (si tienes)? ¿Se trataba de un tema que no existía? ¿Se visualizaba la menstruación? ¿Tuvieron patologías? ¿Había un rechazo a escucharse, a cubrir sus propias necesidades, etc.?**
En mi caso, las experiencias de mi madre y de mi abuela fueron parecidas. Era visible porque se hablaba de ello y porque además también tenían malestar y dolores en ocasiones. No tuvieron patologías graves, pero sí es cierto que escucharse y cubrir las propias necesidades era algo que no se contemplaba. No existía lo de escucharse y ¿qué eran las propias necesidades? Nunca se habían parado a pensarlo. Siempre cuidaban de los demás y no se tenían en cuenta a sí mismas, con lo que yo tampoco me escuchaba ni me tenía en cuenta porque no sabía ni que existiera esa posibilidad. Con el tiempo, al descubrir el principio femenino y mi ciclo empecé a escucharme y fue como reencontrarme conmigo misma.

- **Ligado con esta última pregunta: ¿cuál fue la historia de tu menarquia (tu primera menstruación)?**
  La manera cómo vivieses esta primera experiencia habrá marcado la percepción de la menstruación en tu vida, así como la percepción del ciclo; puesto que la manifestación más evidente y física es la menstruación.

  Experimenté mi menarquia un sábado por la tarde, al llegar de una actividad en el pueblo. Fui al baño en casa y allí estaba. Mi madre y mi abuela me felicitaron y la verdad es que ya no recuerdo más. Ahora, sabiendo todo lo que sé, me hubiese gustado celebrar ese momento tan especial.

- **Quizás exista una desconexión del cuerpo. ¿Has vivido algún episodio traumático en tu vida, especialmente en tu infancia, que te hiciese sentir que era peligroso «estar» en tu cuerpo?**
  Las personas que tienen experiencias traumáticas pueden llegar a suprimir inconscientemente la conexión con el cuerpo, si éste se mostró en algún momento como un lugar poco seguro por haber vivido algún episodio de abuso o violencia. Para desentrañar este aspecto hay que acudir a un especialista.

- **¿Qué hacer en los casos expuestos a través de las preguntas anteriores?**
  Usar el diagrama lunar para un registro de tu ciclo y reflexionar en él sobre las siguientes preguntas que te propongo a continuación. También conectarlas con la fase de la Luna y la estación del año (como se explica en el capítulo donde se habla del diagrama lunar).

Preguntas guía

SEMANA 1 (del primer día del sangrado hasta que dejas de sangrar)

¿Sientes el deseo de momentos de quietud interna, de momento de retiro?

¿Cómo logras o pides este momento de retiro que necesitas ?

¿Qué estás soltando de tu vida, de tu trabajo, de tu familia, de tus relaciones?

¿Cuáles son las plegarias e intenciones para este nuevo ciclo?

SEMANA 2 (desde que termina el sangrado hasta que llega la ovulación)
¿Puedes sentir cómo crece tu creatividad?
¿Eres consciente de tu cuerpo? ¿Sientes el aumento de energía?
¿Sientes una mayor conciencia y sensibilidad?
¿Qué señales físicas notas de tu fertilidad?
¿Qué proyecto creativo te reclama ahora?

SEMANA 3 (desde la ovulación hasta el día 21 del ciclo aproximadamente)
¿Cómo te sientes en tu punto álgido de fertilidad?
¿Sientes la necesidad de cuidarte y mimarte?
¿Sientes la necesidad de cuidar a los demás?
¿Te sientes más sociable?

Cuando comienza a descender la energía de la ovulación:
¿Qué reflexiones de tus sombras, de tu parte oscura están presentes?
¿Qué estás cosechando de este ciclo?

SEMANA 4 (desde el día 21 aproximadamente hasta que comienza el sangrado nuevamente)
¿Qué se muestra en tu vida que ya no funciona o ya no es necesario?
¿Cómo gestionas la llamada a ir hacia dentro?
¿Cómo compartes tus responsabilidades esta semana?
¿Cuál es tu nivel de energía?
¿Qué quieres soltar y no llevarte contigo al próximo ciclo?
¿Cómo vas a «hacer retiro» durante el sangrado? ¿Qué sería ideal?
¿Cuál es tu visión para el próximo ciclo?

Las 4 fases del ciclo menstrual

Las 4 fases del ciclo representan el gran ciclo de la vida de una mujer. Al igual que las fases de la Luna, o las estaciones del año junto con las fiestas paganas, también nosotras transitamos unas fases a lo largo de nuestro ciclo, y aprenderemos de cada una de ellas a cómo tratarnos, cómo escucharnos, a saber qué necesitamos, a cómo usarlas en nuestro beneficio y a poder vivir así, acorde a nuestra naturaleza auténtica. Te aseguro que una vez te conozcas, comprenderás muchas de las cosas que quizás ahora no entiendas y podrás conectar así con «tu mujer de poder», que habita inevitablemente en ti.

Para denominar las 4 fases lo he hecho siguiendo las denominaciones que sugieren Miranda Gray y Sophia Style. El ciclo menstrual se divide en 4 cuartos, al igual que las estaciones del año.

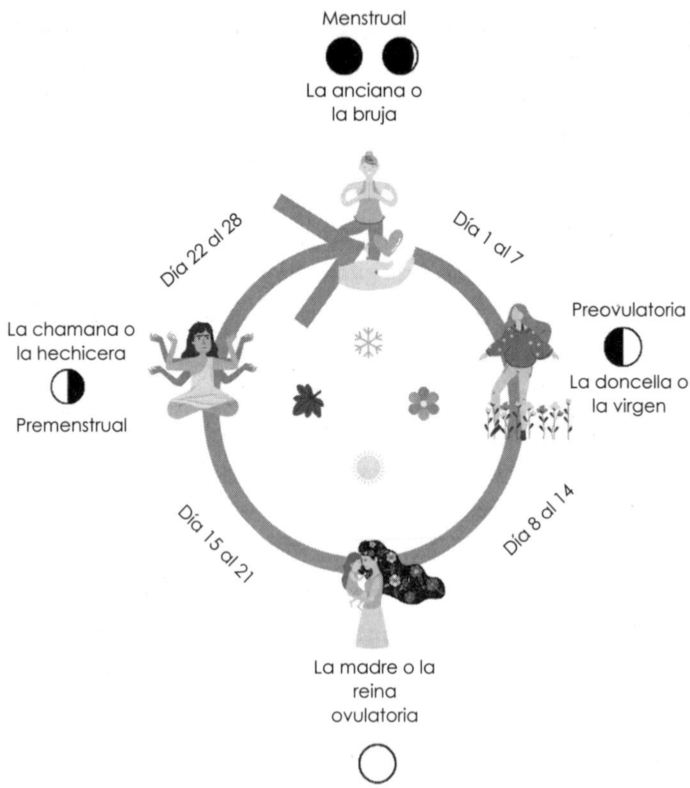

Podríamos hablar de 4 semanas como hace Jane Hardwicke Collings:

La semana 1 con la fase de la **anciana o la bruja** y **fase menstrual.**

La semana 2 con la fase de la **virgen o la doncella** y **fase preovulatoria.**

La semana 3 con la fase de la **madre o la reina** y **fase ovulatoria.**

La semana 4 con la fase de la **chamana o la hechicera** y **fase premenstrual.**

Si tienes un ciclo que es más largo o más corto de 28/29 días, es la primera parte del ciclo la que se alarga o acorta. Suponiendo que estés ovulando, la segunda parte del ciclo está fijada y es siempre la misma, unos 13, 14 o 15 días.

Cada semana del ciclo es distinta, como lo son las diferentes estaciones del año, y como lo es cada fase de la Luna y su influencia.

La semana 1 se relaciona con el invierno y con la Luna negra/nueva.

La semana 2 se relaciona con la primavera y con la Luna creciente.

La semana 3 se relaciona con el verano y con la Luna llena.

La semana 4 se relaciona con el otoño y con la Luna menguante.

En los capítulos dedicados a los dones cuarto al séptimo veremos su asociación con cada una de las fases del ciclo y su estrecha relación con tu vida y tu bienestar, tanto físico como emocional y también espiritual. Pero primero quiero hablarte del tercer don relacionado con nuestra conexión con la naturaleza y sus cambios, que son asimismo los nuestros.

Tercer don: La conexión con la naturaleza

Las fiestas paganas

Según la RAE (Real Academia Española) el adjetivo «pagano/a»:

- *Proviene del latín tardío* pagānus, *en latín «aldeano», de* pagus *«aldea», por alusión a la resistencia del medio rural a la cristianización.*
- *Que no es cristiano ni de ninguna de las otras grandes religiones monoteístas. Especialmente referido a los antiguos griegos y romanos.*
- *Dicho de una persona que no ha sido bautizada.*

Si te fijas bien, esta palabra se usó para separar aquello que estaba relacionado y unido a las religiones (sobre todo a la cristiana) de lo que no lo estaba. De hecho, comenzó a utilizarse en el siglo VI por parte de los cristianos para designar a los romanos que creían en otros dioses. Actualmente, como pagano se denomina a un conjunto de creencias de tradiciones antiguas.

Recordar estas tradiciones antiguas que tenían en cuenta lo evidente y aquello que ofrecía la Madre Naturaleza es esencial para así aprender de lo que nos pueden ofrecer. Al principio, todas las culturas se basaban en la naturaleza y dividían la rueda cíclica del año en fechas señaladas, así como en dos grandes fases: la fase de la luz y la fase de la oscuridad. Y las dos eran celebradas y honradas. De las culturas más cercanas a nosotras, la celta es la que tomaré de ejemplo para ver estas celebraciones y analizarlas. Soy consciente de que mucho de lo que se ha atribuido a la cultura celta en materia de celebraciones y fiestas pertenecía ya a pueblos protoindoeuropeos y que el neopaganismo tomó también elementos de estas culturas, fusionó sus elementos y esto dio como resultado la rueda del año de la que te hablaré. Pero aquí mi intención no es saber qué pueblo o cultura las inició, sino tomar lo que ha quedado de ellas para, a través de lo que nos transmiten, tener una vía de entrada a las celebraciones que nos conectan con la Madre Tierra. Además, la celta siempre ha sido una de mis culturas más queridas, he tenido contacto con ella y ha sido a través de ella cómo conocí las fiestas paganas.

El año nuevo celta comenzaba con la celebración de Samhain, que era la entrada en la parte oscura del año. Las fiestas paganas, es decir, no vinculadas a ninguna religión, seguían y celebraban los cambios de la naturaleza.

¿Por qué te hablo de ellas? Lo hago porque, como hijas de este planeta, sus cambios y los nuestros son los mismos. Nosotras los vivimos en nuestro cuerpo, en nuestras emociones…, en todo nuestro ser. Lo que sucede es que los referentes culturales, las religiones, el consumismo, el estrés de una sociedad que sólo invita a la productividad para sentirse válida han causado una separación de algo intrínseco a nuestro vínculo con la Madre Tierra. Recordarlos, conectar con su esencia y ver su relación con nuestra naturaleza cíclica nos hará recuperar este vínculo y reconectar así con la mujer de poder que habita en nuestro interior.

Existían los festivales solares, que celebraban la posición del Sol con respecto a la Tierra. Se celebraban los momentos de máximo acercamiento y los momentos de máxima lejanía, que eran los solsticios de verano y de invierno. Y también los momentos en los que luz y oscuridad eran iguales. Me refiero a los equinoccios de primavera y de otoño. Estos momentos simbolizan la entrada de las estaciones y nos hablan de un período con unas características determinadas para la naturaleza: si es momento de plantar las semillas, si es momento de cosechar…

La luz y la oscuridad, que son los elementos básicos y esenciales de la vida, siempre han estado presentes. De hecho, cuando hablamos de nosotras mismas, del ser humano, se habla también de sus luces y de sus sombras. Acercarnos a la naturaleza, a sus cambios y escucharlos en nosotras nos ayudará a usar la energía y la predisposición del momento para beneficiarnos de ello en nuestras vidas. Quizás no debamos plantar un huerto físico, pero sí un huerto metafórico con aquello que deseamos, que queremos crear, que queremos manifestar en el plano físico, que queremos quitar, que queremos regar, que queremos arrancar, que queremos plantar…

Nuestra vida, aunque no nos lo parezca, pasa por la llamada rueda del año, y cada momento de esta rueda te invita a tener en cuenta los cambios del planeta en tu ser.

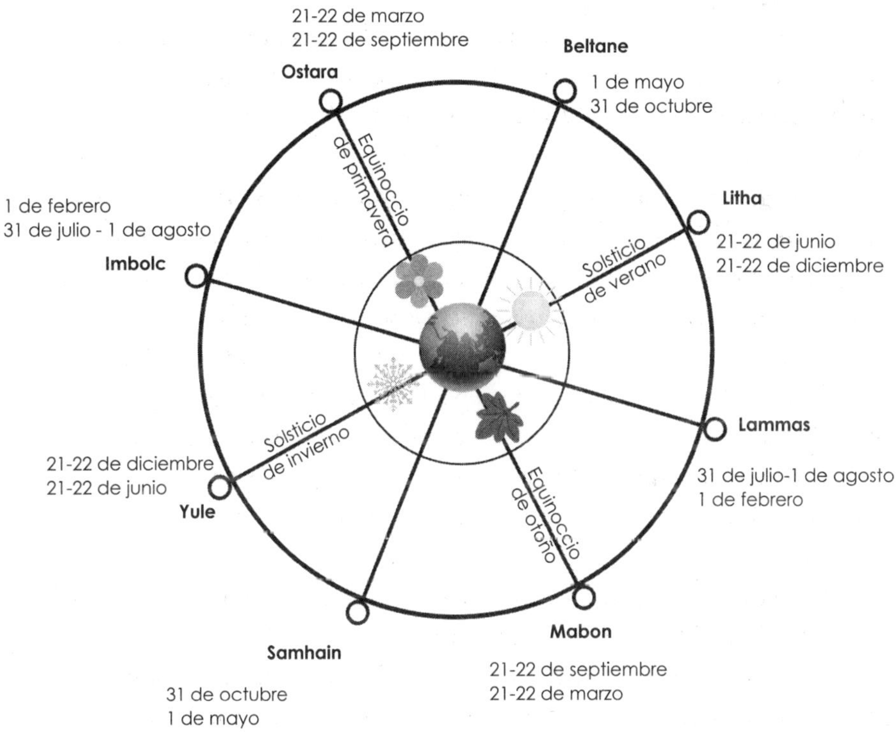

Samhain

Samhain (más conocido entre nosotras como Halloween) es un festival que marca el fin de la temporada de la cosecha (su nombre significa «fin del verano») y ello conlleva el inicio del Año Nuevo celta. Se celebra el 31 de octubre en el hemisferio norte y el 1 de mayo en el hemisferio sur, y a partir de ahí los días pasan a ser más cortos y las noches más largas. En la Irlanda celta, Samhain dividía el año entre el tiempo de luz y el de oscuridad.

Se consideraba un momento en el que la separación entre los reinos humano y espiritual apenas existía, y ello permitía acceder a información y mensajes del mundo invisible. Simboliza también la muerte simbólica de la naturaleza, que permitirá que ésta pueda regenerarse más adelante después de un tiempo de calma y silencio. Es, por lo tanto, un momento para hacer introspección y para conectar con nuestra parte interna como bien hace la Madre Naturaleza.

Yule

El solsticio de invierno o Yule (hacia el 21 de diciembre o 21 de junio en el hemisferio sur) es la fiesta de la luz y de la esperanza y nos revela el retorno del dios Sol, que muere en Samhain, y que poco a poco va a ir ganando terreno frente a la oscuridad.

Los días empiezan a crecer y, con ello, la esperanza en nuestros corazones, que viene representada por el llamado tronco de Yule y que explica el significado de esta festividad. El llamado tronco de Yule se iba a buscar al bosque, se llevaba a casa y allí se decoraba antes de ser quemado en la chimenea. Era el recordatorio y el agradecimiento a la madera, que servía para quemar y calentarse en casa y que al mismo tiempo proporcionaba luz. Y la decoración con piñas, con rodajas de naranja y otros frutos era una forma de agradecer los dones que iba a traer la naturaleza y también un recordarle que de nuevo lucirá flores y frutos en primavera y verano.

Este tronco se convirtió más tarde en el tradicional árbol de Navidad, que se decora con bolas de colores y con lucecitas, que precisamente recuerdan a los frutos y a la luz de la tradición de Yule.

Yule habla, por tanto, de esperanza. De la esperanza de que en nuestro interior, al igual que en el interior de la Madre Tierra, se están gestando los frutos que en un tiempo verán la luz y saldrán al exterior. Es momento de ser consciente de lo que hay dentro de ti, y con el Sol del solsticio vislumbrar la expansión y el despertar que se acercan.

Imbolc

Imbolc es la fiesta que tradicionalmente se sitúa entre el solsticio de invierno y el equinoccio de primavera, así pues, su celebración se sitúa más o menos entre el 1 y el 3 de febrero (31 de julio-1 de agosto en el hemisferio sur); y fue asimilada en la cultura de tradición cristiana por la festividad de la Candelaria (quizás te suena por este nombre).

Imbolc es una fiesta de luz y refleja los días cada vez más largos y la próxima llegada de la primavera. Tradicionalmente honra las semillas que bajo tierra empiezan a germinar y nos hablan de fertilidad y de renacer. Es un tiempo de esperanza, de mirar hacia las nuevas posibilidades del futuro, quizás de aquello que hemos «sembrado» durante el invierno. Y no es sólo un tiempo para nuevos comienzos, sino también para soltar decepciones del pasado, para soltar viejos sueños y estar plenamente en el presente para «renacernos».

Está también asociada a la triple diosa Brigid, que representa las tres etapas de la vida de la mujer: doncella, madre, anciana; y asimismo las etapas de la vida misma: juventud, madurez, muerte y vuelta a empezar.

Es el momento del nacimiento, de que la luz empiece a regresar después de que todo haya estado en letargo, con las semillas bajo tierra, en la oscuridad del invierno y es el momento en que la energía aumenta y las ganas de extroversión aparecen.

Ostara

Ostara era la diosa de la fertilidad en las culturas germánicas antiguas (cuyo nombre procede del inglés *Eostre)* y se asocia con la celebración del equinoccio de primavera el 20-21 de marzo (21-22 de septiembre en el hemisferio sur). Ella está vinculada a la vida, a la tierra y a la juventud.

Con el equinoccio se celebra el fin del invierno y la llegada de la luz en pleno. La Diosa despierta del letargo y la vida se abre paso en una tierra fértil. El Dios y la Diosa reinan juntos y la vida florece gracias a ellos. Es un tiempo para el renacimiento interior, para dar paso a esos proyectos e ideas que han estado gestándose a lo largo de los meses de oscuridad y que ya empezaron a vislumbrarse seguramente en Imbolc y que ahora aparecen con fuerza y determinación. Es un tiempo de fertilidad, esperanza y renacimiento, con lo que la alegría de vivir está presente y nos invita a salir al exterior tanto literalmente como metafóricamente. Salir a la naturaleza y gozar de ella y salir de nuestro interior para manifestar en el exterior.

Beltane

Beltane es la fiesta celta de la fertilidad, el fuego y la prosperidad y marca el inicio de la temporada estival. Se celebra el 1 de mayo en el hemisferio norte (el 31 de octubre en el hemisferio sur). Es la festividad de celebración de la vida en todos sus aspectos.

En esta fiesta se quemaban hogueras en las montañas para alejar definitivamente el frío del invierno y representa también la unión entre el principio femenino y el principio masculino, la Diosa y el Dios. De hecho, durante esta fiesta se propiciaba la unión y amor entre las parejas que después de la celebración se adentraban en el bosque para amarse libremente. Seguramente habréis visto en algunas fiestas de los pueblos (en Cataluña, de donde yo soy, son las «fiestas mayores») bailes tradicionales, y hay uno especialmente que me ha recordado a Beltane y es el llamado baile de las gitanas, en el que un portador aguanta un palo alto que se coloca en el suelo. En la parte superior hay unas flores que lo decoran y desde esta parte superior salen también unas cintas de colores que los bailarines y bailarinas irán entretejiendo al son de la música. Entrelazar las cintas representa y simboliza el abrazo entre la parte masculina y la parte femenina. Todos poseemos las dos y su equilibrio es balance en nuestra vida.

Litha

Litha es la celebración del solsticio de verano (alrededor del 21 de junio y hacia el 21 de diciembre en el hemisferio sur), que indica el día más largo del año y que coincide con la fiesta de San Juan. Litha, en una de sus acepciones, parece ser que significa «fuego» . En los pueblos se preparaban hogueras esta noche y el pueblo se reunía alrededor de ellas. Es un momento de gran prosperidad agrícola. En este mes de junio esperamos muchos de los frutos que están a punto de ser cosechados y que la naturaleza nos está a punto de regalar en los próximos meses. Litha representa también los frutos que podremos recolectar a nivel simbólico.

La tradición que yo conozco y que me transmitieron mis abuelos era la de lavarse con agua esa noche a la luz de la Luna o dejar un recipiente con agua «a Sol y serena» y bañarse con ese agua al día siguiente. Se utilizaba para purificar y limpiar cualquier malestar físico o emocional. Algunas leyendas cuentan también que el fuego dará protección todo el año a aquellos que se atrevan a saltar por encima de las llamas de la hoguera de esa noche.

Lammas

Lammas o Lughnasadh es el tiempo de la cosecha y de las semillas que se guardarán para el futuro. La celebración tiene lugar entre el 31 de julio y el 1 de agosto en el hemisferio norte (y alrededor del 1 de febrero en el hemisferio sur).

Es una celebración de la abundancia, de la fertilidad de la tierra y de cómo usar las semillas de las plantas que ya se han marchitado para guardarlas para la futura siembra.

Todo ello nos dice que es un buen momento para hacer una recapitulación de cómo ha ido nuestra «producción» durante el año, y aunque sea el comienzo de la cosecha, también se puede observar hacia dónde te estás dirigiendo en tu vida. Para ello puedes hacerte algunas preguntas como ¿qué frutos estás recogiendo?; ¿hay algo en tu vida que requiera de algún cambio?, ¿hay alguna planta de «tu jardín interior» que requiera de abono o que tenga que ser arrancada?

Mabon

Mabon es la festividad que celebra el equinoccio de otoño (hacia el 21 de septiembre en el hemisferio norte y hacia el 21 de marzo en el hemisferio sur), es decir, el equilibrio entre la luz y la oscuridad. El Sol se encuentra sobre la línea del ecuador, por lo que el día y la noche en ambos hemisferios tienen exactamente la misma duración.

Este momento era para dar las gracias por los frutos de la cosecha, ya los últimos. Y esas gracias aseguraban también las bendiciones del Dios y la Diosa para poder pasar los meses invernales con suficiente alimento. Los celtas se reunían en esta celebración que duraba desde el 20 al 23 de septiembre.

A partir de ahora, el Dios se aleja entrando en la oscuridad y se prepara para su muerte en Samhain y para el próximo renacimiento en Yule. Todo cumple su ciclo vital, hay que morir para poder renacer.

De modo más espiritual, este tiempo es para mirar hacia atrás, reflexionando sobre los esfuerzos realizados y alegrándote por lo conseguido. Con Mabon llega un tiempo de serenidad, de calma, de parar, de mirar qué «hojas» de tu vida caen o es necesario que caigan y soltarlas.

Los ritos de paso

Los ritos de paso marcan momentos importantes de transición en la vida. Éstos eran celebrados en las antiguas comunidades, pero con el paso del tiempo y la «modernización» de la vida, muchos de ellos han quedado por el camino. Los momentos de transición siguen estando ahí, lo que sucede es que no se celebran ni se les da la importancia que realmente tienen.

Me centraré en los ritos de paso relacionados con la vida de las mujeres y aquellos momentos de cambio que experimentamos en nuestras vidas.

Los momentos más destacados serían:

- Cumpleaños
- Menarquia (primera menstruación)
- Menstruación
- Primeras relaciones sexuales
- Matrimonio o unión con nuestro compañero de vida
- Embarazo
- Pérdida del bebé o aborto
- Nacimiento
- Maternidad (lactancia, destete)
- Climaterio
- Menopausia
- Muerte

Todos estos momentos indican cambios en la vida de una mujer, la mayoría de ellos los viviremos: vivimos nuestros cumpleaños, que no son otra cosas que celebrar nuestra llegada al mundo; vivimos nuestra menarquia y también nuestra menstruación cada ciclo durante los años del sangrado. Vivimos el climaterio o paso a la fase de madurez y sabiduría de nuestra vida, que se completa con la menopausia, momento de poder. Y viviremos la muerte, el último paso.

El matrimonio, el embarazo, un aborto o pérdida, el nacimiento o la maternidad podremos vivirlos o no. Si los vivimos serán aspectos ligados a nuestras experiencias vitales a lo largo de nuestra vida y será necesario honrarlos por lo que ello supone: el reconocimiento de nuestro camino.

Honrar los ritos de paso, honrar el momento de cambio, de transición a otro momento nuevo y significativo es algo poderoso. Celebrarlos es una manera visible de dar la bienvenida a la nueva fase y soltar la fase anterior. Es ser conscientes del cambio, abrazarlo y aceptarlo. Es una forma de darle la importancia que merece, de hacerlo sagrado; y, si te fijas, es una manera de honrar nuestro cuerpo, pues la mayoría de los ritos de paso están relacionados con cambios y experiencias corporales y con los cambios emocionales que estos conllevan.

El hecho es que nosotras, las mujeres, pasamos por muchos momentos de transición, y darles la importancia que merecen es darle significado a nuestro camino personal de evolución.

¿Tú celebras o has celebrado alguno? ¿Cómo? ¿Cuáles te gustaría celebrar de ahora en adelante? ¿Cómo? ¿Cuáles no has celebrado que te gustaría celebrar? ¿Cómo?

La celebración de los ritos de paso es como cualquier otra celebración que queramos festejar. No hay normas ni reglas, sólo la voluntad y las ganas de hacerlo.

Si te sientes llamada a honrar algunos de ellos, piensa en cómo te gustaría hacerlo. Es un momento de celebración, así que sería bonito compartirlo con otras personas, aquellas que tú elijas. A estas celebraciones también se las llama rituales. El mundo de los rituales puede parecer muy esotérico al principio, y sólo con oír la palabra muchas personas ya imaginan cosas. Lo cierto es que un ritual es algo que hacemos repetidamente. El diccionario de la Real Academia Española define esta palabra como *algo impuesto por la costumbre*. La verdad es que practicamos muchos rituales en nuestro día a día. Nos ayudan a organizarnos en la logística del hogar o del trabajo, como por ejemplo, levantarse a una hora determinada, preparar la comida el día anterior, en la pausa de la mañana ir a tomar el café con los compañeros de trabajo o realizar la compra todos los viernes por la tarde. Son rituales, aunque no nos lo parezca.

Se trata de ampliar el alcance de estos rituales para celebrar las transiciones en nuestra vida para nutrirnos por dentro. Serán unos rituales que nos recordarán nuestra guía interna, que nos pondrán en contacto con nuestra intuición, que nos abrirán a los mensajes de la naturaleza y a la sabiduría de la celebración con las personas que elijamos.

No se trata de seguir una tradición concreta. Se trata de abrirnos a reconocer que nuestra parte más espiritual, la que nos conecta con nuestra esencia y con la naturaleza, puede, y merece, estar presente en nuestro día a día.

Porque la existencia no es solo una sucesión de tareas que cumplir o problemas que resolver. Es mucho más que eso. Tiene una dimensión profunda que espera ser explorada.

Y al hacerlo, no solo viviremos con más plenitud. También lo haremos con más alegría. Daremos al camino que estamos recorriendo el valor que realmente tiene.

Una de las celebraciones que yo he realizado es la de los círculos lunares para mujeres. No es un rito de paso, pero sí una celebración con un esquema base que he adaptado para que pueda servirte, tengas una pequeña guía y ¡te animes a celebrar tus ritos de paso!

A tener en cuenta

Primero hay que elegir un lugar, un día y una hora. Puede ser en el exterior, en el jardín o en el bosque; o en el interior, en el salón de casa, en un local, donde quieras. Es ideal poder decorar el lugar de un modo especial: telas de colores, cojines, velas, incienso…

Después tienes que tener muy clara la intención con la que realizas la celebración: sanar alguna experiencia, soltar lo viejo, dar la bienvenida a lo nuevo, despertar la guía interior… Y mantenerla durante la celebración y después en tu vida. También es importante que haya una persona o dos que guíen la celebración, como las maestras de ceremonias. Ella o ellas guiarán a las personas presentes.

La comida es también un factor a tener en cuenta. Tener algo que compartir al final ayuda a la comunión entre los presentes y a dar un ambiente festivo al evento.

El fluir de la celebración

1. Sentarse en círculo

Es una práctica ancestral que consistía en poder ser escuchado y escuchar a los demás. Era un lugar para hablar sobre los temas importantes.

Las normas del círculo eran: sé conciso, di la verdad, habla desde el corazón y escucha respetuosamente. Era un espacio para obtener más consciencia y confianza en uno mismo.

Jean Shinoda Bolen habla en su obra *El millonésimo círculo* del poder de estas celebraciones y de lo que significan. Dice que «cuando un número decisivo de personas transforme su actitud o su comportamiento, la cultura en su totalidad se transformará» y si promovemos este cambio de actitud y comportamiento, reclamando lo que necesitamos, empezando por nosotras mismas, ya hemos contribuido a la expansión de una nueva manera de vivir y de concebir el mundo.

2. Centramiento

Se comienza la celebración con un centramiento, invitando a todo el mundo a cerrar los ojos, a respirar profundamente concentrándose en su respiración y a soltar todas las tensiones y preocupaciones que les hayan podido acompañar a este instante. Puedes acompañar este centramiento con una música relajante y agradable.

3. Enraízamiento

Mientras estás en el centramiento, pide a los presentes que imaginen como unas raíces nacen de sus pies y como éstas se adentran a la Madre Tierra, dándoles apoyo y arraigo a la tierra, y empoderándolas.

3. Celebrar a la mujer que transita un momento de cambio

La mujer por la que se realiza la celebración es honrada por lo que ha vivido hasta el momento, haciendo hincapié en el momento de cambio en el que se encuentra.

4. Paso de una etapa a la siguiente

De una manera simbólica: lavándose las manos, quemando unas hierbas que indiquen purificación, vistiendo una túnica o un chal de un color simbólico, pasando entre las mujeres que se colocarán en forma de pasillo con las manos levantadas. Todas son formas de dar la bienvenida a la nueva etapa.

5. Intenciones y deseos
En este momento hay que dejar claras las intenciones para esta nueva etapa. La mujer que realiza la transición puede decirlas en voz alta, o escribirlas en unas tarjetas, o en un diario propio. Las demás mujeres pueden decir en voz alta lo que le desean a esta mujer en su nueva etapa y pueden ponerlo también por escrito.

6. Obsequios
Si se quiere, las mujeres presentes pueden obsequiar a la mujer que transita con una canción, una danza, palabras de apoyo, un poema o un pequeño objeto de empoderamiento que la acompañe en su nueva etapa como un colgante, una pulsera, una figurita simbólica, etc.

7. Cartas del oráculo
Una de las cosas que más gustan a las mujeres de mis círculos es elegir una carta del oráculo, que trae un mensaje para cada una. Uso varias barajas, tú puedes usar la que más te llame. Las que yo uso son las del «Oráculo de la Diosa» de Doreen Virtue, las de la «Tierra mágica» de Steven Farmer o las de «Animal Kin Oracle» de Sarah Wilder.

Las cartas del oráculo son una herramienta para acceder al conocimiento interior, un trampolín a la propia intuición con un mensaje.

Cada persona elige una carta. Puede hacerlo pensando en una pregunta concreta para la que necesite una respuesta, o puede dejarse sorprender por un mensaje general que le envíe el universo. Entonces se lee el significado para cada carta.

8. Compartir
En este momento se comparte la comida que se haya traído. Es un momento de comunión y sororidad.

9. Cierre
Y llega el momento de despedirse. Una bonita manera es darse las manos en círculo, cerrar los ojos y dar las gracias por la celebración.

Cuarto don: La conexión con tu anciana o bruja interior

¿Qué conoces de la menstruación?

Para comenzar con la primera fase del ciclo menstrual, me gustaría que te tomaras unos minutos para escribir sobre lo que sabes de la menstruación basándote en tu experiencia y en lo que la sociedad te ha transmitido y te sigue transmitiendo sobre ella.

Lo que voy a exponerte a continuación es importante para que puedas tener conocimiento de la historia que envuelve a la menstruación hasta nuestros días, para poder entender mucho de lo que te pasa, haya pasado, vives o hayas vivido entorno a la menstruación y a esta fase del ciclo.

Muchas mujeres estamos descubriendo en los últimos años que las cosas no son como nos las han contado y que hay mucho conocimiento que no ha llegado a nosotras. Saberlo nos pertenece.

Al principio de los tiempos, y según recoge Barbara Walker en su *Women's Encyclopedia of Myths and Secrets,* la sangre menstrual era vista como sagrada en muchos pueblos primitivos. En antiguas culturas se creía que el mágico misterio de la creación residía en la sangre que las mujeres expulsaban de manera armoniosa con la Luna. Era venerada. Los hombres lo veían con «sagrado temor», como la esencia de la vida, expulsada sin dolor y totalmente extraño para ellos. Las palabras relacionadas con menstruación eran: «inexplicable», «sobrenatural», «sagrada», «espíritu», «deidad»...

Te comparto ahora algunos ejemplos de diferentes pueblos, religiones y tradiciones:

- Los maorís decían que las almas humanas estaban hechas de sangre menstrual y transformaban las cosas en sagradas pintándolas de rojo y llamando a este color «rojo sangre menstrual».
- Aristóteles afirmaba que «la vida humana está hecha de un *coagulum* de sangre menstrual».
- Los indios de América del Sur consideraban que toda la humanidad estaba hecha de «sangre lunar» al comienzo.
- Los aruntas australianos consideraban envidiable este ritmo sangrante de las mujeres, pues suponían que ellas estaban más próximas al misterio de la vida.
- En el hinduismo, cuando la Gran Madre crea, su sustancia se espesa y forma un coágulo o una cuajada, materia sólida que produce como una corteza. Ésta fue la manera en que dio a luz al cosmos y las mujeres emplean el mismo método, pero a menor escala.
- En Mesopotamia, la gran diosa Ninhursag hizo a la humanidad de barro y la infundió con «su sangre de vida».
- En el Corán, la historia de la creación dice que Alá hizo al hombre de sangre que fluía.
- Plutarco comentaba que el hombre estaba hecho de tierra, pero que el poder que hacía que un cuerpo creciera, era la Luna, la fuente de la sangre menstrual.
- Existen leyendas chinas que hablan del jugo rojo de la menstruación como la esencia de la Madre Tierra, el principio yin que da la vida a todas las cosas.
- Los huevos de Pascua eran un clásico símbolo de la diosa Eostre/Ostara. Se pintaban de color rojo y se dejaban en las tumbas para fortalecer a los muertos.
- En la tribu de los yuroks de América del Norte, las mujeres de clase alta se separaban del resto de la comunidad para celebrar sus días de sangrado. Celebraban rituales y compartían momentos de sororidad.
- La sangre menstrual también se ha utilizado como medicina desde tiempos inmemorables. Marlo Morgan cuenta uno de sus usos en su libro *Las voces del desierto,* y dice que los indígenas australianos que cruzaban el desierto durante tres meses utilizaban la sangre menstrual para regenerar huesos rotos y para sanar heridas.

La estigmatización

Cuando la medicina empezó a desarrollarse y comenzó a estudiarse el cuerpo humano, no se encontraba la relación que existía entre la menstruación y la capacidad fecundante de la mujer. No quedaba claro el momento en el cual se producía la ovulación.

Mientras que algunos pensaban que no existía relación alguna entre ellas, otros pensaban que la ovulación tenía lugar en los días posteriores o anteriores a la menstruación.

Fueron Herman Knaus (1892-1970) y el japonés Kiusako Ogino (1882-1975) los que aclararon el momento de la ovulación, y así el hecho de que la menstruación era la consecuencia final de la ovulación y no sinónimo de ella.

El hecho de no saber cómo funcionaba el cuerpo de la mujer y de no poder identificar la función de algo visible como la menstruación llevó a muchas especulaciones.

Como has visto, en algunos pueblos primitivos era venerada y se relacionaba con el misterio de la vida y se la honraba porque la mujer era reflejo claro de la Diosa, dadora de vida. Pero llegó un momento en el que, la no comprensión y otros aspectos relacionados con la dominación de la mujer provocaron una estigmatización de la menstruación.

Hay multitud de ejemplos que demuestran la denigración y el maltrato que sufrían las mujeres por el hecho de menstruar. Aquí solamente mencionaré algunos para que puedas tener conocimiento de ellos y entender quizás mejor por qué sigue siendo un tema tabú en muchos entornos y por qué todavía, algunas mujeres, viven su sangrado con vergüenza.

El hecho de que nuestras antepasadas (y con ello me refiero a todas las mujeres que han habitado la tierra antes que nosotras) hayan sufrido desprecio, vergüenza, denigración, encierro, destierro, etc., por el simple hecho de menstruar, implica que nosotras lo guardamos en la memoria de nuestros huesos, es decir, la memoria genética que se hereda de generación en generación lleva estos recuerdos y vivencias desagradables y malditas que, de un modo u otro, han llegado al presente. Y quizás lo más preocupante es que en muchas comunidades todavía existe un castigo al menstruar.

Conocer, saber y ser conscientes de que esto ha existido y existe, nos ayudará a abrir los ojos a la sociedad y a las futuras generaciones para que se recupere el derecho a ser nosotras, a disfrutar de nuestra naturaleza femenina y a que cesen creencias y tabúes sobre nuestra poderosa sangre.

El Antiguo Testamento consideró a todas las mujeres adultas sanas, ritualmente impuras cuando menstruaban.

- En el Nepal rural y algunas zonas de la India se segrega a las mujeres menstruantes. Han de ir a una cueva donde quedan aisladas. Y cuando vuelven deben purificarse a través de un baño ritual.
- En algunas etnias de África occidental se habla de la «enfermedad de la sangre» para referirse a la menstruación, así que es considerada como una enfermedad y así la sienten las mujeres.
- Plinio el Viejo enumeraba los peligros de la mujer menstruante en su *Naturalis historia.* Por su culpa el vino se convertía en vinagre, se rompían los espejos, se estropeaba el hierro, los campos se volvían estériles y muchas desgracias más.
- Ciertas tribus de Uganda lavan o queman los vestidos que ha llevado la mujer menstruante durante los días del sangrado.

Hay muchos más ejemplos sobre la estigmatización de la menstruación y lo que esto supone para mujeres de algunas comunidades. Me parece increíble que algo natural, considerado sagrado y vinculado a la vida evolucionase y se convirtiese en todo lo contrario; que se convirtiese en algo sucio, impuro, tóxico…, que requería o requiere de aislamiento y purificación.

Recuerdo que en clase de Naturales, en el colegio, se nos comentaba que nuestra sangre menstrual era un desecho y, por ello, el cuerpo la expulsaba. ¡Nada más lejos de la realidad! Nuestra sangre menstrual está llena de nutrientes, los nutrientes que estaban destinados a alimentar a la nueva vida en caso de que nuestro óvulo hubiese sido fecundado. De hecho, una práctica que se está difundiendo mucho ahora es usar nuestra sangre menstrual para regar plantas (diluida en agua), y la cantidad de células madre que contiene la sangre menstrual podría ayudar en muchas investigaciones científicas.

Muchas mujeres han estado allanando el camino en los últimos tiempos para que nosotras podamos comenzar a ver que algo está cambiando, que las mujeres vuelven a creer en sí mismas y en su poder menstrual. Ahora hay muchas que difunden el mensaje positivo de la menstruación y cada vez más, vamos recordando y reconociendo la verdad. Somos dadoras de vida, tanto biológica como creativa, y nuestro ciclo y nuestra menstruación son elementos esenciales que hacen que esto sea posible.

Alexandra Pope, Sjanie Hugo Wurlitzer, Miranda Gray, Lucy H. Pearce, Sophia Style, Jean Shinoda Bolen, Jane Hardwicke Collings, la doctora Christiane Northrup, Barbara Walker… e infinitud de mujeres más han comenzado el legado de la recuperación para que podamos reconocer y recuperar nuestros dones y talentos, nuestra naturaleza cíclica, nuestra autenticidad y nuestra voz.

La recuperación: Las tiendas rojas o cabañas de la Luna

Las tiendas rojas o cabañas de la Luna eran un espacio en el que se reunían las mujeres para menstruar. Pasaban allí los días de sangrado y también celebraban los ritos de paso.

En la Antigüedad, cuando la sociedad no bebía del estrés ni del consumismo ni había contaminación lumínica, las mujeres acostumbraban a menstruar con la Luna negra/nueva y ovulaban con la Luna llena. Así pues, la mayor parte de las mujeres pasaban juntas los días de sangrado.

La tienda roja es una novela escrita por Anita Diamant, publicada en 1997, que contó la historia de mujeres que se reunían en una cabaña menstrual conocida como la tienda roja y comenzó un movimiento liderado por varias mujeres pioneras para recuperar este espacio para nosotras. Relacionado con este espacio sagrado para las mujeres, existe una historia sobre la diosa de la mitología griega Hera y las mujeres de Argos, en Grecia, y de cómo se reunían en la Antigüedad y la diosa las bendecía. La comparto aquí (extracto de *Moon Mother, Moon Daughter* de Janet Lucy y Terri Allison, traducción propia)

Cuando el Sol salía por el horizonte en el antiguo pueblo griego de Argos, Elena despertó a su madre y a su hermana mayor. Su abue-

la ya se había levantado y estaba poniendo algunas cosas especiales en su cesto. «Felicidades querida. Hoy será tu primer baño en Kanathos». Elena había esperado mucho tiempo aquel día. Cada mes veía como su madre y su abuela, y hacía poco, su hermana mayor, llenaban alegres sus cestos con su comida favorita, con sábanas suaves, con ropa de lino y aceite de Luna y la dejaban sola durante todo el día. Había esperado a que llegase ese momento de poder sincronizarse con la diosa Hera, la diosa de la Luna nueva, y fluir como lo hacían las otras mujeres.

Cada mañana, el día de Luna nueva, las mujeres de la familia de Elena y sus vecinas dejaban atrás el pueblo y caminaban juntas hacia las fuentes de aguas liberadoras para tomar un baño ritual de renovación y gozar de un día de descanso y relax. Se bañaban con hierbas aromáticas y con flores, se lavaban el pelo las unas a las otras, se secaban al Sol. Después recogían ramas de arbustos de ginesta y cogían las hojas y las ponían en forma de círculo. Estas hojas de ginesta limpiaban sus matrices. Las mujeres de Argos menstruaban juntas en sincronía con la Luna nueva y cada mes honraban este día especial con rituales y reverencia. Pasaban el día en tranquila conversación, hablando las unas con las otras en voz baja para no estorbar las meditaciones y sueños de las soñadoras. Después escuchaban las historias de las ancianas, las sabias, llenas de conocimiento y también de un poco de humor. Cuando el Sol comenzaba a ponerse, las mujeres cantaban alrededor del fuego. Parecía que la Luna bajase a saludarlas y la diosa Hera se les aparecía toda plateada. Cada mes bendecía a las mujeres de Argos y les concedía fertilidad para su matriz y para los campos. Elena, sentada entre su madre y su hermana junto a las otras mujeres de su clan, miró al cielo y entendió la infinitud de su línea matrilineal. Sonrió y por primera vez se sintió una verdadera diosa.

¿Conocías las tiendas rojas? ¿Habías oído hablar de ellas?

¿Qué te aportaría poder reunirte con las mujeres de este modo tan especial una vez al mes?

La menarquia

¿Qué es la menarquia?

La menarquia es la primera sangre, la primera regla. Sus componentes léxicos son: *men* (mes) y *arkhe* (principio, poder) más el sufijo -ia (cualidad).

Así pues, podríamos darle el significado de principio del mes o poder del mes. A mí me encanta poder llamarla *principio del poder del mes.*

Cuando tuviste la primera menstruación, ¿sabías a lo que te enfrentabas? ¿Alguien te había contado lo que era la menstruación y lo que que ibas a experimentar?

¿Qué te habría parecido vivir una experiencia como la de Elena cuando tuviste la menarquia?

¿Recuerdas tu menarquia?

Ahora toca recordar. ¿Por qué? Porque la menarquia fue un momento importante en nuestra vida, un momento de cambio y de transición. Sin saberlo fue un rito de paso. Recuperar el recuerdo de la menarquia puede aportar luz a cómo hemos vivido nuestra menstruación durante todos los años que ha estado presente en nuestras vidas, y de cómo la vivimos aún, si todavía menstruamos. Quizás no lo creamos, pero la primera experiencia cuenta, en todo.

Poner por escrito toda esta información, hacer visible lo invisible, hace que traigas a la conciencia el recuerdo, las impresiones y creencias. Y también te acerca a tu linaje materno, a todas las mujeres que han formado parte de tu familia por parte de madre. Nuestros ancestros femeninos nos recuerdan que no estamos solas y si tenemos hijas o hijos, nuestro linaje se proyecta hacia el futuro.

Ahora te propongo una visualización en la que te guiaré sobre tu menarquia. Vas a conectar con la niña que experimentó este rito de paso. Esta visualización está inspirada en las preguntas que propone De Anna L'Am en su ejercicio para reconectar con tu niña interior en *Becoming peers.* Busca un momento y un espacio para ti, pon música relajante y lee primero la visualización para, a continuación, poder realizarla.

Visualización de la menarquia

Sentada de manera confortable y cómoda, cierra los ojos y respira profundamente. Continúa respirando de manera tranquila y profunda, soltando la tensión de tu cuerpo.

Imaginarás ahora como de tus pies nacen unas raíces, unas raíces que se adentran en la Madre Tierra. Sientes la humedad de la tierra en tus pies y te sientes arraigada y poderosa.

Inspiras profundamente por la nariz y dejas salir el aire por la boca, y con cada respiración te sientes cada vez más relajada y más a gusto, vas viendo cómo las diferentes tensiones de tu cuerpo van desapareciendo y, del mismo modo, las preocupaciones y problemas que te hayan podido acompañar hasta aquí.

Siente ahora el contacto con la tierra, y siente como te acoge. Te sientes a gusto, te sientes bien y muy cómoda. Con cada inspiración siente tu relación con la Madre Tierra, y con cada espiración, siente el gran espacio que se abre ante ti: el cielo, el universo.

Ahora voy a pedirte que llames a la niña que una vez fuiste. Ella se presenta ante ti, tal y como era. La ves y recuerdas cómo era ser una niña que estaba a las puertas de entrar en el mundo de ser mujer. Pregúntate: ¿qué te gustaba hacer entonces? ¿Qué cambios esperabas con ganas en tu cuerpo y cuáles te daban un poco de miedo? Cuándo vino tu primera regla, ¿te sentías preparada y sabías lo que era? ¿Qué dudas tenías? ¿Qué te habría gustado saber?

Escucha a la niña que ha venido aquí para recordarte esos momentos de tu vida. Son recuerdos y nada de lo que venga ahora a ti puede asustarte o hacerte daño. No te juzgues, tan sólo observa y siente.

Una vez que hayas terminado, podrás ir volviendo al estado de conciencia. Comenzarás moviendo los pies, las piernas, los dedos de las manos, las manos, los brazos, el cuello y finalmente, cuando estés preparada, abrirás los ojos.

Te pido ahora que escribas aquello que has visto, sentido y experimentado en la visualización, para que puedas ponerle palabras y hacerlo consciente en tu vida y abrazar así ese recuerdo.

La parte física

Esta primera fase del ciclo viene marcada por la menstruación como has podido observar.

Una vez indagado y visto el terreno de la propia experiencia y de la historia que envuelve a la sangre menstrual, vamos a ver qué nos sucede a nivel físico.

Durante el ciclo menstrual se segregan hormonas desde diferentes partes de nuestro cuerpo para ayudar a controlar y preparar el cuerpo para el embarazo. Esta preparación empieza cuando los ovarios producen la hormona estrógeno y progesterona. Estas hormonas producen ciertos cambios en el endometrio (la capa que recubre el útero). Entonces, otras hormonas producidas por la glándula pituitaria estimulan la maduración del óvulo para que sea soltado desde el ovario.

Cuando el ovario suelta un óvulo es la llamada ovulación y esto sucede en la mitad del ciclo. Normalmente el día 14 de un ciclo de 28 días. Desde el ovario, el óvulo se mueve a una de las trompas uterinas. Si el óvulo es fertilizado por el esperma, este óvulo tarda entre 2 y 4 días en viajar por la trompa uterina, entonces se adherirá a la capa gruesa y rica en sangre del útero. Si el óvulo no es fertilizado, empieza a desintegrarse, los niveles de estrógeno y progesterona disminuyen y la capa que recubre el útero, el endometrio, se descompone y se desprende. Esto es lo que provoca el sangrado y que conocemos como menstruación.

Los días de duración del sangrado pueden variar de mujer a mujer y de época en época. En mi caso, cuando comencé a tener la regla me duraba unos 10 días, después se fue estabilizando a 7 y ahora, algunos meses se ha reducido a 5. Pero tengo amigas a las que les dura sólo 3 días, así que, como ves, no hay una duración establecida.

Tampoco la cantidad está establecida. Yo he experimentado sangrado abundante desde el primer día y en ocasiones poco sangrado el primer y el segundo día y al tercero ha comenzado a ser más abundante.

Tanto la duración como la cantidad son aspectos fisiológicos, pero que también van muy unidos a la experiencia emocional del último ciclo y que puede reflejarse físicamente a través de estos dos aspectos. El dolor y las molestias también suelen estar asociados a la no escucha propia (lo veremos en la parte emocional), pero, por supuesto, si la duración, la cantidad y los dolores son fuera de lo común hay que ir al médico o al especialista.

Para aliviar los dolores pueden emplearse distintos remedios. Yo no soy especialista ni doctora, los consejos aquí propuestos son los que he probado yo misma y mujeres cercanas a mí.

Ideas:

- Aplicar calor en la zona del bajo vientre con un cojín térmico de semillas.
- Tomar una infusión de artemisa. Para ello se requiere 15 g de hojas secas por cada 500 ml de agua hirviendo. Para los casos de dolores menstruales, se recomienda tomar la infusión 2-3 veces al día. (Recuerda siempre consultar con tu médico antes de comenzar cualquier tratamiento con plantas medicinales).
- Aceites esenciales: existe una amplia gama de aceites esenciales para ayudarte en este proceso, tanto para los dolores como para regularlo. Yo conozco y uso los aceites Young Living. Una receta para los cólicos sería hacer un aplicador de rodillo de 10 ml y poner 2 gotas de panaway, 2 de lavanda y 3 de copaiba, con el aceite portador para acabar de rellenar el aplicador. Puedes aplicarlo directamente sobre tu abdomen, la parte baja de la espalda y alrededor de los tobillos.
- Masajear haciendo círculos con el dedo corazón cuatro dedos por debajo del ombligo.
- Poder tener un día tranquilo en el que no tengas que ocuparte de nadie, más bien que se ocupen de ti y puedas relajarte y escucharte.
- Si el dolor es por exceso de estrógenos (consultar a tu ginecóloga o ginecólogo) hay que ajustar la dieta. Algunas de las recomendaciones son no tomar productos lácteos, no tomar café, reducir el consumo de carne para que sea dos veces por semana y mejor carne blanca, pescado tres veces y no tomar azúcares.
- Realizar algunas secuencias de yin yoga. En el yin yoga la parte física no es la más importante, sino el silencio que la práctica ofrece. Se trata de que en cada postura o asana se observen las sensaciones corporales y el proceso mental. Para ponerlo en práctica hay que realizar cada postura durante al menos 1 o 2 minutos (después, con

el tiempo, se puede alargar a 5) y no se trata de estirar al máximo o de llegar con las piernas o la cabeza a no sé dónde; se trata de conectar con el cuerpo y sentir las sensaciones, no hay que estirar en exceso ni sentir dolor. Hay que sentir que el cuerpo se mueve, que se expande, pero siempre sin forzar. Te recomiendo el libro de Sarah Robinson *Yin Magic* (2020).

La parte emocional y espiritual

Ésta es la fase de la bruja o de la anciana. ¿Por qué este nombre? He esperado hasta este momento para hablar del nombre que se le ha dado porque lo considero muy ligado a lo que se siente a nivel emocional y espiritual en esta fase.

El nombre lo he tomado de Miranda Gray; ella llamó a esta fase la de la bruja, y también he usado la denominación que le ha dado Sophia Style, la de la anciana.

Esta 1.ª fase del ciclo se relaciona con la Luna negra/nueva, con el invierno y con la semilla que cae, muere y luego renace. La combinación de todo ello define nuestros días en esta fase. Son los días del sangrado, que era un momento sagrado para muchos pueblos primitivos, como hemos visto. Es «nuestro momento» porque el cuerpo nos habla, porque la parte interna de nuestra matriz se está desprendiendo porque nuestro óvulo no ha sido fecundado y necesitamos descansar, necesitamos conectar con ese momento de búsqueda interior, de hacernos como un ovillo y parar.

Es ilógico querer seguir con el ritmo frenético que quizás vivamos, pues este momento no es comparable a los demás. Es nuestro invierno personal y vuelve a nosotras cada mes. Es un momento de reflexión, de tierra yerma que descansa y en la que querremos plantar nuevas semillas. Pero primero debe reposar, y esto significa que nosotras hemos de tomarnos ese tiempo necesario. Yo no me escuchaba nunca. Tener la regla era algo más, que no podía fastidiar ni mis planes ni mi ritmo. Si alguien me hubiese dicho que era al revés, que mi cuerpo tenía un ciclo y que, si a partir de él organizaba mi vida, me sentiría mejor y en sintonía conmigo misma, otro gallo hubiese cantando en muchas ocasiones.

El rito de paso de la muerte

El arquetipo de la anciana o bruja nos habla de una muerte simbólica cada mes cuando entramos en nuestra cueva para conectar con lo profundo de cada una de nosotras. Al igual que las serpientes mudan su piel después de un letargo, nosotras cambiamos también y si estamos atentas, veremos en qué y por qué. Es iluminador ver cómo y qué cambia cada vez que acabamos un ciclo y comenzamos otro. Si nunca lo habíamos vivido, ahora es el momento de hacerlo. Sólo ser consciente de ello, de que pasas por este momento cada mes, te desvelará secretos que desconocías. Si estás atenta y te escuchas, verás cómo mueres y renaces; como dejas atrás una parte de ti y vuelves renovada. ¡Qué maravilloso tener la oportunidad de revisar tu vida cada mes!

Cuando cursaba COU (hace ya más de veinte años, y que vendría a ser 2.º de bachillerato), le dije a mi profesor de Filosofía que era un estado más elevado de conciencia, y la verdad es que me va como anillo al dedo esa definición que le di, porque realmente cada vez que morimos y evolucionamos en nuestro ciclo, pasamos a un estado más elevado, subimos un nuevo peldaño en la escalera de la evolución.

Para poder dar cabida a este rito cada mes, cuando menstruamos o si no menstruamos, cuando la Luna negra/nueva está en el cielo, te invito a practicar «Savasana», que es una de las posiciones de yoga que más me gustan. Savasana significa «postura del cadáver» y cada vez que nos ponemos en esta posición se nos ofrece la oportunidad de dejar ir.

Hay que estirarse en el suelo boca arriba (encima de una esterilla). Las piernas ligeramente separadas, los brazos un poco separados del cuerpo y con las palmas de las manos mirando hacia arriba. Cierra los ojos y observa, ve realizando un escáner de las distintas partes de tu cuerpo viendo cómo se sienten. Lo mismo con tus pensamientos y emociones, los observas y, desde la calma y el relax, sueltas y dejas ir todo aquello que ya no te sirva, todo aquello que ya no necesitas.

Aprovecha cada mes para vivir esta muerte simbólica que te permite soltar y renacer.

La anciana o bruja y la energía yin

La fase de la anciana o bruja está muy conectada con la energía yin. ¿Qué aspectos de la energía yin sientes en ti durante esta fase? ¿Qué aspectos crees que deberías atender en esta fase que no atiendes? Rodea las que sientes en un color y las que deberías atender en otro.

- ☐ Escucha del cuerpo
- ☐ Receptividad
- ☐ No exigencia
- ☐ Recogimiento
- ☐ Descanso
- ☐ No hacer
- ☐ Conexión
- ☐ Ser «suave» contigo
- ☐ Interioridad
- ☐ Pausa

La anciana o bruja y el elemento agua

Cada uno de los 4 elementos puede relacionarse con las 4 fases del ciclo teniendo en cuenta sus características y sus enseñanzas. La fase de la anciana o la bruja la relaciono con el elemento agua, que es yin. Vamos a ver cómo podemos tenerlo en cuenta y honrarlo.

Este elemento está asociado a las aguas internas, a nuestra sangre, a la intimidad, a la relación contigo misma, a la dosificación, al fluir, a la adaptabilidad y a la conexión interna.

Podemos honrar el elemento agua escuchando nuestras emociones, esas aguas internas que nos habitan. También al mirar nuestra sangre con respeto, admiración y cariño, reconociéndola como parte esencial de nuestra vida cíclica.

Honramos el agua cuando nos damos tiempo para estar en intimidad con nosotras mismas. Cuando nos recogemos en un espacio de calma para sentirnos y escucharnos. Cuando dejamos de planear y simplemente fluimos. Solo siendo, sin necesidad de hacer, adaptándonos a lo que el cuerpo y las emociones nos piden en cada momento.

Para honrar tu sangre puedes utilizar la copa menstrual o compresas de tela y mirarla como lo que es: sangre dadora de vida. Puedes hablar de ella sin vergüenza y también usarla diluida en agua para regar las plantas.

¿Has puesto en práctica algunas de ellas? ¿Cuáles? ¿Cuáles vas a poner en práctica a partir de ahora?

Para cuidar la intimidad contigo te aconsejo dedicarte unos minutos cada día para hacer algo que te guste, también practicar el autocuidado cocinándote algo rico, preparándote una infusión relajante, leyendo un libro, usando esa crema especial y que te gusta tanto para tu cuerpo... Escribir tus pensamientos es también una manera de cuidar esta intimidad contigo. Escribe lo que sientes, lo que piensas y focaliza en qué quieres ver crecer en este nuevo ciclo que comienza. Dar un paseo sola y conectar con la naturaleza y el presente es también una bonita manera de estar contigo.

Vivir o no vivir la anciana o bruja

En general, este arquetipo lo vivimos físicamente porque sangramos, algo que es muy evidente, pero muchas mujeres no lo viven ni lo han vivido a nivel interno.

Vivir este arquetipo implica ser conocedora de él y saber de modo consciente qué te espera y qué espera tu cuerpo de ti. Y vivirlo en consecuencia.

Vivir la anciana

Quiere decir:

- Que reconoces este arquetipo.
- Que sabes que los días del sangrado son distintos a los demás.
- Que tu ritmo es distinto, que tu cuerpo y tu mente te piden descanso y dosificación de las tareas a realizar.
- Que vives un momento de introspección y de mirar hacia dentro.

- Que vas hacia tu cueva interior para abrazar lo que te cuesta ver de ti.
- Que necesitas la unión contigo: escucharte y tener intimidad contigo misma.
- Que estás de retiro y que tus seres queridos deben saberlo.
- Que has de bajar a las profundidades de tu ser para reencontrarte.
- Que has dejado atrás un ciclo, has muerto, y empiezas ahora uno nuevo.

No vivir la anciana

Quiere decir:

- Que sigues viviendo como si no estuvieras menstruando.
- Que aunque tu cuerpo y tu mente te pidan ralentizar o incluso parar, tú sigues y no les haces caso.
- Que vives como si la muerte no fuese a suceder nunca, ni la muerte al final de la vida ni la muerte mensual y metafórica. Cada mes experimentamos una muerte simbólica al reabsorber el óvulo que no ha sido fertilizado, y si no lo vivimos con plena conciencia, nunca llegaremos a comprender la sabiduría y conexión que nos aporta.
- Que no te atreves a estar sola, contigo misma.
- Que el silencio te abruma cuando debería darte paz.
- Que no te permites descansar porque quizás crees que es egoísta o que eres demasiado indulgente contigo misma.
- Que tienes miedo de ir hacia dentro porque no sabes qué puedes encontrar.

Si ya no sangras, no quiere decir que no experimentes esta fase, de hecho, todas necesitamos conectar con nuestro interior, bajar a la cueva de nuestras profundidades para ver qué se esconde ahí, parar, escucharnos y sentirnos desde dentro.

No vivir la anciana puede estar muy relacionado con nunca haber sabido qué era lo que simbolizaba este momento de nuestro ciclo. La ignorancia de saber que escucharnos es necesario y también que está permitido nos habrá convertido en mujeres desvinculadas de lo que es vivir este arquetipo desde el equilibrio. Ralentizar el ritmo y mirar hacia el interior no es algo fácil en nuestra sociedad y por eso no lo hacemos. Hay que parar un momento y sentir qué pasa por dentro, y para ello, es importante ir pasando por las enseñanzas de esta fase.

Uno de los puntos clave es escuchar las propias emociones y para ello, sumergirte en el elemento agua con un baño o una ducha consciente puede ser el punto de partida. Ahí mismo o después debes observar tu cuerpo: está cansado, con ganas de tranquilidad, de no hacer nada…, ¿cómo lo ves? Y entonces actuar en consecuencia, por ejemplo, delegando o pidiendo ayuda para poder descansar. Registrar tu ciclo en el diagrama lunar es también una manera de conectar contigo y escucharte y dar espacio a qué sientes. Realizar alguna de las visualizaciones propuestas también te permitirá estar más en ti. «Estar en ti» sería la expresión más adecuada para vivir la anciana desde el equilibrio. La presencia de estar contigo, de escuchar qué sucede a nivel físico, emocional, mental… es la manera de construir una verdadera relación de amor contigo, que es lo que te pide la bruja de la fase menstrual: reconoce quién eres, observa qué necesitas, dátelo, no te juzgues y ámate.

La anciana o bruja y las diosas asociadas

Las diosas de las diferentes mitologías son representaciones arquetípicas de patrones universales en los que podemos vernos reflejadas. Jean Shinoda Bolen dice que constituyen un útil recordatorio para describir y analizar muchas pautas de comportamiento y rasgos de personalidad que constituyen vías para construir visiones, invocando así fuerzas necesarias y cualidades dentro de nosotras, del mismo modo que los mitos evocan sentimientos e imaginación y tocan temas que forman parte de la herencia colectiva de la humanidad.

Las características arquetípicas asociadas a la fase menstrual encajan para mí con las diosas Cerridwen, Inanna y Hestia. Cada una de ellas pertenece a una cultura o tradición y sus características nos dicen mucho de esta fase del ciclo. Al leerlas pregúntate con qué diosa conectas y por qué y a partir de ahí, qué quieres cultivar en esta fase de introspección.

Cerridwen

- Diosa celta.
- Se la honra por su caldero de sabiduría, inspiración, renacimiento y transformación.
- El caldero está asociado a la feminidad y también a la cueva, a la copa y al cáliz.
- Es símbolo de renovación.
- Representa el útero de la Gran Diosa Madre del que todas las cosas nacen y renacen.

Hestia

- Diosa griega del hogar y de la luz del hogar.
- Siguió un camino de introversión.
- Transformaba los lugares en los que estaba en espacios sagrados.
- Poseía la cualidad de ser completa en sí misma.
- Tenía la capacidad de enfocarse sobre lo que le importaba y concentrarse en ello.
- Se concentra en su experiencia subjetiva interna.
- Mira hacia dentro.

Inanna

- Diosa sumeria.
- Diosa de los ciclos y de la tierra.
- Viaja al inframundo para encontrarse con su hermana Ereshkigal, y allí morir y renacer.
- Personifica el viaje de la heroína y del alma, hacia lo más profundo, para volver con el tesoro de la sabiduría.

Las enseñanzas de las diosas menstruales

Después de haber conocido más de cerca a las diosas menstruales, quiero compartir contigo dos visualizaciones relacionadas con las diosas Cerridwen e Inanna para que te ayuden a cultivar los aspectos necesarios en esta fase de introspección.

Para realizar las visualizaciones busca primero un momento para ti y un espacio adecuado, pon música relajante y lee el texto para poder realizar la visualización después.

Visualización de Cerridwen

Sentada de manera confortable y cómoda, quiero que tomes aire por la nariz y lo sueltes por la boca y cierres ahora los ojos. Coge aire por la nariz y suéltalo por la boca con un HAAAAAA. Coge nuevamente aire por la nariz y suéltalo por la boca.

Imagina ahora como de tus pies nacen unas raíces, unas raíces que se adentran en la Madre Tierra. Sientes la humedad de la tierra en tus pies y te sientes arraigada y poderosa.

Inspira profundamente por la nariz y deja salir el aire por la boca y con cada respiración te sientes cada vez más relajada y más a gusto y vas viendo cómo las diferentes tensiones de tu cuerpo van desapareciendo y, del mismo modo, las preocupaciones y problemas que te hayan podido acompañar hasta aquí.

Ahora vas a verte en un camino que te lleva hacia un bosque. Es el atardecer y te sientes tranquila, cómoda y con ganas de descubrir. Sigues el camino, te adentras en el bosque y sientes la belleza de la naturaleza que te rodea. Sigues el camino y llegas a un claro del bosque. Allí te encuentras con un círculo de mujeres, sentadas en el claro. A algunas las conoces, son mujeres de tu linaje materno, son tus ancestros femeninos y también hay otras mujeres que no conoces, son mujeres que representan nuestra Historia sobre la tierra. En el centro del círculo hay un caldero que está colocado sobre un fuego y allí, de pie, se encuentra la diosa Cerridwen, que ha venido a participar en esta reunión. Ella remueve el brebaje del caldero y te pide que te acerques. Tú caminas hacia ella, saludando a las mujeres sentadas en círculo alrededor del fuego. Una vez a su lado, Cerridwen llama a cada una de las mujeres del círculo para que se acerquen una a una y les pide que viertan en el caldero todo aquello que te hayan legado y que deba ser transformado.

Cada una de las mujeres va pasando al lado del caldero y va vertiendo sus miedos, sus dudas, sus pensamientos limitantes, sus autocríticas, su falta de confianza, su falta de autoamor, lo que sea que te hayan podido legar y que necesite de una transformación.

Una vez todas las mujeres han pasado por el caldero, Cerridwen te mira y te pide ahora a ti que pongas en el caldero todo aquello que quieras transformar en tu vida desde la sabiduría de tus vivencias y desde la conciencia del cambio.

Cierras los ojos y viertes en el caldero aquello que deba ser cambiado, aquello que deba evolucionar o aquello que deba morir. Si no lo sabes, si dudas, tan sólo pon la intención en que aquello que pones en el caldero es lo que debes verter en él. Una vez que lo has hecho, le das las gracias a la diosa y te sientas en el círculo junto a las otras mujeres.

Cerridwen remueve el brebaje con su largo bastón y desde el cielo baja una luz dorada brillante que se posa sobre el caldero. La transformación se está produciendo y sientes la paz y la calma interior que te invaden.

Cerridwen te llama, te ofrece una taza con el brebaje transformador. Todo ha quedado transformado en aquello que necesitas. Tú lo aceptas y bebes. Observa y siente. Escucha muy adentro y déjate sorprender. Date unos minutos para ello.

Ahora, te despides con gran agradecimiento de la diosa y de las mujeres que te han acompañado y tomas el camino de regreso a casa.

Poco a poco vas a ir regresando al estado de conciencia, y para ello comienzas a mover los pies, los dedos de los pies, las piernas, las manos, los dedos de las manos, los brazos, los hombros, el cuello, la cabeza y finalmente, cuando estés preparada, abre los ojos.

Visualización de Inanna

Sentada de manera confortable y cómoda, quiero que tomes aire por la nariz y lo sueltes por la boca y cierres ahora los ojos. Coge aire por la nariz y suéltalo por la boca con un HAAAAAA. Coge nuevamente aire por la nariz y suéltalo por la boca.

Imagina ahora como de tus pies nacen unas raíces, unas raíces que se adentran en la Madre Tierra. Sientes la humedad de la tierra en tus pies y te sientes arraigada y poderosa.

Inspira profundamente por la nariz y deja salir el aire por la boca y con cada respiración te sientes cada vez más relajada y más a gusto y vas viendo cómo las diferentes tensiones de tu cuerpo van desapareciendo y, del mismo modo, las preocupaciones y problemas que te hayan podido acompañar hasta aquí.

Voy a pedirte ahora que observes dónde estás: en una estancia de tu casa, en el campo, en la playa, en el jardín, en la montaña, etc. Una vez que seas consciente de en qué emplazamiento de encuentras vas a ver una abertura en el suelo ante ti. Se trata de una abertura en la que hay una escalera que se dirige hacia el interior de la tierra. Y sin temor te adentras en ella. La escalera avanza hacia abajo, pero el camino está iluminado por una luz dorada muy agradable. Vas bajando, bajando y te sientes tranquila y cómoda. Sigues bajando y bajando y bajando y finalmente llegas a un espacio muy amplio. Aquí te espera Inanna, diosa sumeria de los cielos y de la tierra.

Ella ha venido para acompañarte en este momento de introspección y de reencuentro contigo misma, en este momento de muerte metafórica y de renacimiento. Innana te pide que le des la mano y junto a ella emprendes el camino hacia el Inframundo, hacia las profundidades del propio ser, hacia tus profundidades. En el camino hay siete portales que hay que cruzar. Vais caminando y llegáis al primer portal.

Allí hay una guardiana que no te deja seguir a no ser que sueltes uno de los miedos y creencias que llevas en ti, grabados en tu alma y que has venido a liberar en esta encarnación. Inanna está contigo, ella te acompaña y te pide que cierres los ojos ante el portal, mires hacia dentro, en lo más profundo y conectes con esa parte de ti que es atemporal y eterna.

En este estado identificas fácilmente algo que quieres soltar y que debe ser soltado para que reconectes con quien tú eres en esencia. Lo has encontrado, respiras en él y lo dejas marchar; abres los ojos y la guardiana te deja pasar. Sigues caminando acompañada por Inanna y llegáis al segundo portal. En éste sucede lo mismo que en el primero y realizas la misma acción, y así con cada uno de los portales que faltan.

Tómate unos minutos para cruzarlos todos y siente qué es todo lo que vas soltando en cada uno de ellos.

Ahora, una vez que has cruzado el séptimo portal, llegas a una estancia en la que hay un espejo. Innana te acompaña para que te mires en él y allí te ves a ti en esencia, liberada de todas las cargas que te pesaban. Te observas y acercas una mano al espejo, tocas la mano de tu «yo en estado puro» y sientes la paz de un nuevo renacimiento en ti. Has cruzado los siete portales, has muerto al soltar y has renacido.

Siente las sensaciones que te provoca esta experiencia tan liberadora.

Una vez que sientas que estás preparada, vas a ir regresando al estado de conciencia, y para ello comienzas a mover los pies, los dedos de los pies, las piernas, las manos, los dedos de las manos, los brazos, los hombros, el cuello, la cabeza y finalmente, cuando estés preparada, abre los ojos.

Una vez realizadas las visualizaciones, escribe lo que has sentido, visto, experimentado… para que puedas ponerle palabras y para que puedas consultarlo siempre que lo desees.

También quiero compartir contigo una lista de canciones y música inspiradora para que te acompañe en los momentos de esta fase de viaje iniciático hacia el interior.

Puedes escucharlas cuando realices las actividades para esta fase, cuando quieras realizar por tu cuenta algunas de las visualizaciones o cuando cultives las enseñanzas para esta fase en los ciclos venideros:

Loreena McKennnit: *The Book of Secrets: Prologue* y *La Serenissima*
Enya: *The Humming*
Deva Premal: *Om Namo Bhagavate*

La fiesta de Samhain

Samhain o Samaín señala la entrada en la parte oscura del año y su nombre significa «fin del verano» y «comienzo del Año Nuevo celta».

La Madre Tierra se prepara para descansar y repliega su energía. Los árboles pierden sus hojas y la vida parece desaparecer poco a poco. Es un momento de introspección para prepararse para el invierno. También es tiempo de honrar a los seres queridos que nos hayan dejado. Así como los árboles pierden sus hojas y la naturaleza va entrando en un sueño casi de hibernación, nosotras debemos usar este tiempo para hacer lo mismo que nos enseña la Madre Naturaleza.

Es un momento de reflexión, de mirar hacia atrás y reconocer todo lo que ha crecido en ti, todo lo que has logrado hasta ahora, justo cuando la luz comienza a retirarse. Y como inicio del Año Nuevo celta, también es tiempo de mirar hacia adelante, de conectar con tu visión y sembrar tu intención para el nuevo ciclo que comienza.

Te propongo ahora una actividad para empezar a saborear qué pueden aportar las fiestas paganas a tu vida. Ésta representa el invierno interior y se corresponde con cómo nos sentimos y qué podemos trabajar y obtener de la fase de la anciana.

También puedes realizar esta actividad el día propio de Samhain si te sientes con ganas. Yo te invito a ello, pues es un momento poderoso para conectar contigo misma en muchos niveles.

Preparación

Elige un lugar tranquilo y cómodo y resérvate un rato para ti, sin interrupciones.

Prepárate un té, una infusión o un cafecito para que te acompañe en este quehacer creativo que te propongo.

Materiales

Para la actividad necesitarás:

- Una cartulina, puede ser tamaño DIN-A4 o más grande, como prefieras. O un tablón de corcho.
- Colores, rotuladores, etc.
- Revistas con variedad de imágenes.
- Pegamento.
- Cordel.
- Chinchetas de colores (por si lo haces en un corcho).

- Pinzas de colores.
- Pegatinas bonitas: estrellas, arcoíris, etc.
- Y otras cosas que quieras usar.

Procedimiento

Ahora se trata de que visualices lo que has logrado en el último año:

- ¿Cómo has crecido a nivel interno?
- ¿Qué aventuras has vivido?
- ¿Qué personas han pasado por tu vida?
- ¿A qué dificultades te has enfrentado?
- ¿Qué logros has obtenido?
- ¿Cuál es tu visión para el nuevo año/futuro?
- Etc.

Todo ello debe formar parte de tu «tablón de Samhain», donde puedas ver de una manera muy gráfica y clara cómo ha sido tu año desde el pasado Samhain.

¿Por qué? Pues porque con esta fiesta empieza el tiempo de barbecho, de dejar reposar, de ver y reflexionar qué queremos dejar atrás y qué queremos mantener en nuestra vida. De una manera tan visual y personal podrás conectar con lo vivido, lo que quieres dejar ir y lo que ves para el futuro. Tenlo en un lugar visible o guardado en un lugar especial, pero que puedas consultar asiduamente y con facilidad.

Visón global

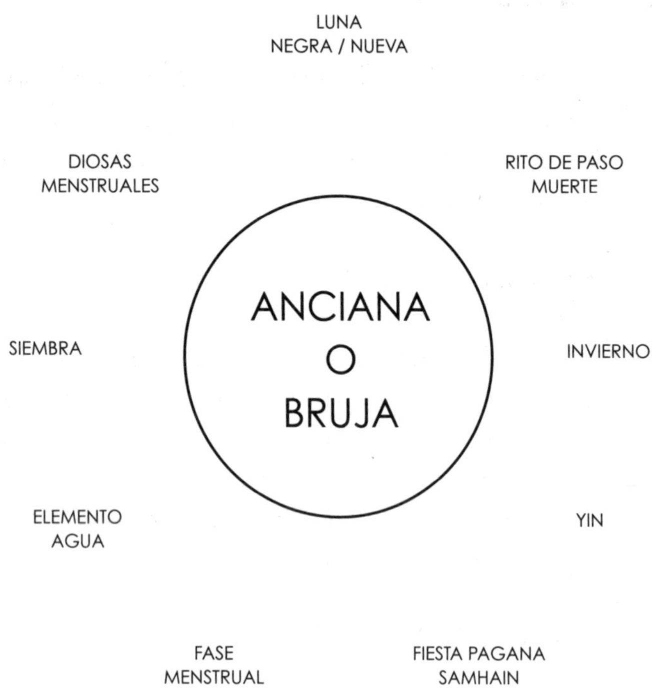

Quinto don: La conexión con tu doncella o virgen interior

Conocer a la doncella

Si piensas en esta fase del ciclo, justo después de la menstruación o cuando la Luna es ya creciente y se dirige a ser plena, ¿cómo te sientes?

Si tuvieras que elegir una imagen o imágenes que representasen esta fase, ¿cuál o cuáles serían?

La palabra «virgen»

La palabra «virgen» se refiere hoy a una mujer que no haya tenido relaciones sexuales. Nada más lejos de la realidad en la Antigüedad. La palabra «virgen» simbolizaba una mujer independiente y autónoma, centrada en sus objetivos. Jean Shinoda Bolen lo explica en su obra *Las diosas de cada mujer*. Una diosa virgen era aquella que gozaba de su sexualidad sin apegarse o necesitar de una relación con el sexo opuesto. Era aquella diosa que se focalizaba en lo que quería conseguir y no necesitaba a nadie para lograrlo. Por lo tanto, la independencia y la autonomía, así como la alegría y la diversión forman parte de este arquetipo.

Veremos, en la conexión con tu doncella o virgen, cómo se manifiestan estas ideas y si pueden desarrollarse y manifestarse otras que vayas descubriendo durante la lectura de este libro.

Tú, niña; tu, adolescente

El arquetipo de la doncella o la virgen está muy relacionado con nosotras como niñas y como adolescentes. Es el arquetipo del juego, del disfrute y del gozar.

Recordar cómo éramos de niñas y de adolescentes puede conectarnos con este arquetipo tan despierto y extrovertido. ¿A qué jugabas de pequeña? ¿Qué te gustaba mucho?

De lo que recuerdes, ¿has conservado algo ahora que ya eres más mayor? No me refiero a que todavía juegues con muñecas o juegues a pelota, sino a si, por ejemplo, todavía juegas. La RAE define *jugar* como *hacer algo con alegría con el fin de entretenerse, divertirse o desarrollar determinadas capacidades.*

Cuando somos niñas y también adolescentes acostumbramos a estar más conectadas con la diversión, con la alegría, y esto es precisamente lo que despierta en nosotras la doncella o virgen. Ella quiere que experimentemos nuevamente la alegría de vivir, que nos divirtamos. ¿Qué haces ahora para divertirte?

Organización y planificación

Después de recordar a tu niña y a tu adolescente y conectarlo con la diversión, vamos a ver cómo esta fase te permite organizar y planificar de un modo muy eficaz las tareas, tanto las que tengas pendientes como las nuevas que quieras llevar a cabo.

Si éste es un punto débil en tu manera de actuar, puedes aprovechar la energía que te brinda la virgen o doncella para poner en práctica este aspecto. También es un momento idóneo para tener claras las prioridades que quieres atender y por ello es un buen momento para ponerlas por escrito.

Elige 10 cosas que haces en tu día a día. Ahora te pido que te fijes si dentro de estas 10 cosas que has elegido hay algunas que hagas para divertirte. Si no has pensado en ninguna de las que te divierten, piensa ahora un mínimo de 2 para incorporarlas en tu día a día.

Ahora te pido que las ordenes según el tiempo que dedicas a ellas (empezando por a la que más tiempo dedicas).

¿Está equilibrado? ¿Dedicas suficiente tiempo a hacer cosas que te alegren y te llenen? Si la respuesta es no, ¿sabes el porqué?

Para reorganizar las prioridades en nuestra vida y darles el tiempo que merecen puedes utilizar la energía de esta fase, que es ideal para planificar. Puedes utilizar esta plantilla para la organización del día y que contenga todo aquello que necesites.

Planificador

Fecha ____________________

Mis prioridades para hoy

____
____
____
____

¿Cuánto tiempo les dedicaré?

____
____
____
____

Lista de cosas que hacer

____
____
____
____
____
____

Pausas

Para la mente

- ☐
- ☐
- ☐

Meditación
Hacer algo que me guste mucho

Agradecimiento
Recordar mis sueños y anhelos

Emociones del día

____
____
____
____
____
____

Para el cuerpo

- ☐
- ☐
- ☐

Dormir suficiente
Beber agua

Movimiento
Comer sano

La parte física

Esta 2.ª fase del ciclo viene marcada por la vuelta de la energía a nuestro cuerpo. Nos encontramos en los días del ciclo que van del 8 al 14 aproximadamente.

Una vez que hemos experimentado la menstruación porque el óvulo no ha sido fecundado, se aumenta ligeramente la producción de hormona foliculoestimulante y ésta hace crecer los folículos. Los folículos son grupos de células dentro de los ovarios que contienen los óvulos. Entonces, un folículo es elegido dentro de uno de los ovarios para madurar y expulsar un óvulo. El nivel de estrógenos aumenta y esto provoca la estimulación de las glándulas mamarias y de la pared uterina hasta llegar a su concentración máxima en la ovulación. A nivel físico, durante esta fase nos sentiremos más flexibles, incluso más estilizadas y veremos a nuestro cuerpo capaz de mucho.

Esta 2.ª fase del ciclo se relaciona con la Luna creciente, con la primavera y con la semilla que nace. La combinación de todo ello define nuestros días en esta fase. Son los días después del sangrado o de finales de éste. Hay mujeres que sienten ya la vuelta de la energía antes de que termine la menstruación y otras lo experimentan cuando ya ha terminado. Incluso aunque ya no sangres, por el motivo que sea, puedes reconocer a la doncella en ti.

En esta fase nos sentimos cómodas. ¿Por qué? Pues porque es una de las más aceptadas dentro de la sociedad en la que vivimos.

Tener energía, producir, estar alegres, juguetonas con el sexo, con ganas de hacer, de comenzar nuevos proyectos, etc., es lo que le encanta a una sociedad yanguinizada que destaca por ser solar, masculina, que potencia la fuerza, la superación y la carrera hacia la satisfacción inmediata y donde el «hacer» es lo que prevalece.

Aquí nos sentimos «bien» porque es lo que se espera de nosotras. Ésta junto con la fase de la madre o reina son las fases de luz, las fases activas a nivel externo, las que van hacia fuera y las que nos conectan más con el mundo exterior.

La parte emocional y espiritual

Durante esta fase posiblemente nos sintamos «todopoderosas», casi invencibles, pues es el resurgir de la energía que nos impulsa a hacer. Puede ser que nos sintamos abrumadas por la necesidad imperiosa de avanzar en nuestros proyectos, por lo que, siendo una fase donde la mente analítica está muy activa, vale la pena usar la organización y planificación que comentaba anteriormente, y así llegar a todo, pero también tener nuestros momentos de pausa y de diversión.

La virgen o doncella nos conecta también con esta parte más independiente de una misma, como cuando éramos niñas y hacíamos lo que queríamos, fijadas en nuestros objetivos. Esta sensación de «hago lo que quiero» puede presentarse y podemos aprovechar su parte positiva para ver qué queremos hacer. También es la adolescencia y toda la curiosidad, sueños, expectativas que se despiertan en esa época, en la que también buscamos la libertad, nuestro camino y experimentar nuevas sensaciones.

La claridad mental es grande, y aquello que quizás no veías en la fase de la anciana se presenta ahora ante ti de un modo claro y evidente.

La luna creciente invita a sentir la apertura y a recorrer un camino, a comenzar algo nuevo o avanzar en ello. La primavera, que caracteriza esta fase es el momento del florecimiento, del disfrute y de la alegría.

Toda esta combinación influencia nuestra parte más interna y nos hace sentir una serie de sensaciones que pueden guiarnos para vivir esta fase plenamente y aprovechar sus dones.

El rito de paso de la menarquia

La menarquia es la entrada al mundo cíclico, al mundo fértil de la mujer y se asocia con este arquetipo porque simboliza la entrada a la vida a través de la adolescencia.

Con la anciana o bruja realizamos una visualización para recordar este momento de nuestra vida, pero su celebración pertenece a la virgen o doncella porque con ella entramos en la edad fértil, experimentamos el despertar sexual y comenzamos el camino hacia la adultez.

Dependiendo de cómo haya sido esta entrada, así viviremos la doncella o virgen. ¿Por qué? Porque si este arquetipo representa nuestra niña/adolescente interior y al llegar la primera menstruación se activan tabúes y salen a la luz muchos prejuicios relacionados con los cambios de nuestro cuerpo y con la vergüenza que ello provoca, ¿cómo va a ser el recuerdo/vivencia de nuestra niña/adolescente?

Celebrar nuestra primera menstruación o recibirla de un modo especial implicaría que el despertar a la ciclicidad sería algo positivo y bueno en nuestras vidas. Así pues, es muy importante reconocer este rito de paso, y si eres madre, poder transmitirle este conocimiento y sabiduría a tu hija.

Por eso, hoy más que nunca, es fundamental recuperar este rito de paso. Si tú misma no lo viviste como algo especial, puedes honrarlo ahora, de adulta, a través de una visualización, una carta, un círculo de mujeres o un gesto simbólico que cierre y sane esa etapa.

Y si eres madre, tía, madrina o acompañante de una adolescente, puedes ayudarla a transitar este momento con ternura y respeto. Aquí te propongo algunas ideas para celebrar el inicio del ciclo menstrual como lo que realmente es: una puerta sagrada que se abre.

Propuesta de ritual para celebrar la menarquia:

- **Crea un altar sencillo** con elementos que representen a la doncella: flores frescas, velas blancas, símbolos del despertar, como un cuarzo rosa o un cuaderno en blanco.
- **Prepara un espacio íntimo y seguro** donde la niña/adolescente se sienta acogida. Puede ser en casa, en la naturaleza o en un círculo femenino si ella lo desea.
- **Escríbele una carta** contándole lo que significa este momento. Háblale de los ciclos, del poder que nace con su sangre, de la sabiduría que empieza a despertarse en ella.
- **Regálale un objeto simbólico:** un colgante, una libreta para su ciclo, una prenda especial. Algo que pueda conservar como ancla de este recuerdo.
- **Celebra con una pequeña ceremonia:** puede ser encender una vela, recitar una bendición, compartir una canción o un pastel hecho con amor. Lo importante no es la forma, sino la intención.

El objetivo no es idealizar el momento, sino tejer un recuerdo luminoso que pueda acompañarla en su relación con su cuerpo, sus emociones y su poder interior.

Y si tú no viviste esta celebración en tu momento, aún estás a tiempo. Puedes crear tu propio rito de paso simbólico, ahora, desde la mujer que eres hoy, y ofrecerle a tu niña interior la bienvenida que no recibió.

La doncella o virgen y la energía yang

La fase de la virgen o doncella está conectada con la energía yang.

¿Qué aspectos de la energía yang sientes en ti durante esta fase? ¿Qué aspectos crees que deberías atender en esta fase que no atiendes?

Rodea las que sientes en un color y las que deberías atender en otro.

- ☐ Diversión
- ☐ Energía
- ☐ Motivación
- ☐ Alegría
- ☐ Ganas
- ☐ Crear
- ☐ Planificación
- ☐ Ser capaz
- ☐ Organización
- ☐ Independencia

La doncella o virgen y el elemento aire

Cada uno de los 4 elementos puede relacionarse con las 4 fases del ciclo teniendo en cuenta sus características y sus enseñanzas. La fase de la doncella o virgen la he relacionado con el elemento aire, que es yang, y vamos a ver cómo podemos honrarlo.

Este elemento se asocia a las ideas, a la comunicación, al desapego, a las ganas de socializar, a soñar y a ejercer la propia libertad.

Podemos honrar el elemento aire dando espacio a nuestras ideas y dejándolas volar. Escribir lo que pensamos, lo que soñamos o lo que deseamos es una forma poderosa de conectar con esta energía. También lo es mover el cuerpo: caminar, bailar, practicar algún deporte o simplemente respirar profundamente al aire libre.

El aire también se activa al abrirnos a lo nuevo. Salir con amigas, apuntarte a una actividad diferente, conocer gente nueva, probar una receta, visitar un lugar que no conoces, empezar algo creativo que te inspire…, todo eso es aire en movimiento.

Y, sobre todo, es aire el permitirte soñar. Soñar con lo que anhelas y plasmarlo por escrito, para recordarte cada día lo que deseas y hacia dónde quieres volar.

De todas las propuestas para trabajar e integrar el elemento aire en tu día a día durante la fase de la virgen o doncella, ¿cuál sientes en ti? Una vez identificadas, haz sitio en tu vida para que estén presentes.

Vivir o no vivir la doncella o virgen

Todos los arquetipos los vivimos físicamente porque se producen una serie de cambios hormonales en nuestro cuerpo, pero éste no lo vemos de un modo tan evidente como la menstruación, pues se manifiesta a nivel mental y emocional.

Vivir la doncella

Quiere decir:

- Que reconoces este arquetipo.
- Que sientes la energía renovada en ti.
- Que tienes ganas de hacer cosas.
- Que quieres poner en marcha un proyecto o tus ideas.
- Que sientes la alegría y las ganas de comenzar algo nuevo.
- Que te diviertes.
- Que confías en ti y en tu valía.
- Que sientes que la vida te guía.
- Que te sientes segura de ti misma.

- Que eres independiente y no dependes de nadie para llevar a cabo lo que quieres hacer.
- Que no necesitas la aprobación de nadie.
- Que te sientes plena en tu relación de pareja (si tienes una).
- Que te sientes plena en tu relación con los demás.
- Que te permites sentirte y te dejas seducir por la vida.

No vivir la doncella
Quiere decir:

- Que quieres poner algún tipo de proyecto o idea en marcha y no te ves capaz.
- Que no confías en ti ni en tus capacidades.
- Que no crees en ti.
- Que te falta seguridad.
- Que no conectas con tu niña/adolescente interior.
- Que sientes que dependes de alguien para conseguir lo que deseas.
- Que sientes que necesitas la aprobación de los demás.
- Que no puedes parar de estar activa y de trabajar.
- Que no puedes acceder a tu creatividad.
- Que no puedes acceder a tu libertad.
- Que te sientes prisionera de las tareas que debes realizar.
- Que dejar de «hacer» te provoca malestar.
- Que tu cuerpo se queja a través de dolores.

En mi caso, yo vivo este arquetipo desde el exceso. Me cuesta parar y necesito ser productiva sí o sí. Observarme y prestar atención a mi ciclo y sus fases me ha ayudado a ser consciente de esta necesidad y esta manera mía de estar siempre activa y que ha acabado afectando a mi salud. Por esta razón quiero que tú también puedas usar el mapa del ciclo para llegar a ti, reconocerte y ver qué sucede en ti para mejorar tu vida.

Las causas por las que una puede estar viviendo la doncella de un modo exagerado o puede no estar viviéndola son variadas.

La doncella es energía yang, energía masculina. Esta energía puede llevarnos a hacer desmesuradamente porque tenemos la sensación de que «hacer» nos da valor y visibilidad en el mundo. La pregunta es: ¿para qué haces tanto? Para sentirte útil, para sentirte válida, para estar siempre ocupada y no mirar hacia dentro… «Hacer» también nos da algún tipo de seguridad en la vida. Si no hago, ¿cómo voy a conseguir algo en la vida? «Hacer» te da la sensación de que estás construyendo algo en lo que apoyarte, ya sea a nivel material o a nivel emocional o espiritual. También te da la falsa sensación de que otros te valoran por ello, a saber, amistades, pareja e incluso personas que acabas de conocer y a las que quieres causar una buena impresión.

Aquí deberíamos ver cómo fue la relación con nuestro padre. El padre da seguridad y confianza en la vida. Si tu padre valoró tus logros en la infancia y adolescencia, seguramente te sientas a gusto con tus relaciones y mostrándote al mundo. Si no fue así, existe una necesidad de sobreactuación en este arquetipo para compensar esta carencia. «Hacer» nos tiene tan ocupadas que no vemos la carencia desde la que nos movemos.

Ésta afecta también a nuestras relaciones con los demás porque, si bien la parte alegre, divertida, curiosa y productiva de la doncella puede marcar el inicio de una relación, para que ésta se asiente y consolide, debes poder vivir y experimentar el resto de los arquetipos. Sólo viviendo una relación desde la doncella o virgen, la estarás viviendo sólo en una cuarta parte de todo lo que puede ofrecerte y de lo que tú puedes ofrecer.

El «hacer» de la doncella o virgen no debe ser ni agobiante ni estresante. Yo, que sufro de ser demasiado doncella o virgen, siento sus estragos en el cuerpo. Estando siempre activa, alerta y haciendo, ha provocado que tenga dolores en el cuerpo. Si siempre estoy activa, el cuerpo está en tensión y lo sufro en forma de dolor cervical, dolores intensos de cabeza, espalda cargada, mareos, problemas digestivos, bruxismo, lumbalgia… Él mismo me está diciendo que lo escuche, que lo sienta, que reciba, que sea pasiva (por lo menos un poco), que lo mueva, que lo cuide, que lo viva y que suelte, que no pasa nada por relajarse y dejar de «hacer» porque dejar de «hacer» es, al fin y al cabo, vivir.

¿Y qué hacemos? Primero, no juzgarte. Las circunstancias de tu vida son las que son y cada una de nosotras tiene y ha vivido y vive las suyas. Para integrar la doncella de un modo equilibrado en nuestra vida hay que saber si la vivimos plenamente, si estamos en «demasiada» doncella o si estamos en «poca» doncella.

Si la vivimos desde el equilibrio, hay que seguir haciéndolo, siendo conscientes de todo lo bueno que nos aporta. Si creemos que hay exceso o defecto de doncella, aquí te propongo unas actividades para el reequilibrio.

Si la vivimos demasiado hay que bajar al corazón y al cuerpo. Para ello vas a dejar de lado la mente en las actividades que te propongo. ¿Cómo? Pues sintiendo con el corazón, llevando tu atención al espacio de tu corazón físico y focalizando en lo que sientes, no en lo que piensas.

Pinta

Coge papel, cartulina, etc.
Elige acuarelas, acrílicos, ceras, etc., y deja volar tu imaginación.
Pinta por la alegría de pintar.

Sal a caminar

Sal a caminar en la naturaleza.
Mueve tu cuerpo.
Contempla la belleza que te rodea.

Participa en un círculo de mujeres

¡Déjate sorprender por esta experiencia!
Comparte momentos mágicos con otras mujeres.
Es sanador.

Usa la app Mindfulness Bell

Esta app te permite configurar un sonido de cuenco tibetano para que suene en diferentes momentos del día.

En cuanto suene debes dejar de hacer lo que estés haciendo y sentir cómo estás.

Abre el corazón

Cuando sientas que haces, haces, haces y no puedes parar; imagina un perrito o un gatito. Quizás quieras recordar alguno que hayas tenido o pensar en uno que tienes. Imagina cómo lo abrazas, siente el cariño con que quieres protegerlo y que esté bien. Quizás sientas calor en tu corazón, o sentimiento de ternura o un pensamiento bonito. Siéntelo.

Toma clases de danza del vientre

Ésta es una bonita manera de reconectar con tu cuerpo, de centrarte en él, de conectar con tu sensualidad y mover las energías de tu centro creativo, tu bajo vientre.

Despierta a tu niña interior

Recuerda lo que te gustaba hacer de niña. Recupera alguna actividad como bailar, cantar, hacer muecas, disfrazarte, pintarte la cara, hacerte un peinado divertido...

Sólo con el fin de reírte. Sola o acompañada. ¡Cómo prefieras!

Usa las afirmaciones positivas

Prepara una tarjetas bonitas con afirmaciones positivas para reforzar el hecho de que eres suficiente y valiosa.

Léelas cada mañana al despertarte. Ejemplos: creo en mí, soy suficiente, soy auténtica, soy valiosa, tomo decisiones, etc.

Planifica

Utiliza el organizador de ideas y de tareas para planificar qué quieres hacer y cuándo.

Escribe una carta a tu padre

Escribe una carta a tu padre si sientes que él no te apoyó como tú hubieras necesitado en diferentes momentos de la vida. Escribe lo que le dirías y lo que habrías necesitado en cuanto a su apoyo, aprobación y validación. No tienes que leérsela. Sólo cuando la hayas escrito léela tú en voz alta en un espacio tranquilo y donde te sientas cómoda.

Una vez hecho, quema la carta y entierra las cenizas en la naturaleza para que transmute esa energía y sane este aspecto en ti.

Lánzate

Haz algo que nunca hubieses pensado que harías: teñirte el pelo de otro color, hacer *rafting*, ir de acampada, adoptar un perro, cocinar comida hindú, ir en patines... Lánzate a hacer algo distinto. Sentirás un cosquilleo interno fantástico que te dirá que estás viva.

Y si no sale bien porque la comida hindú está incomestible o te caes al ir en patines, ¿qué más da? Ríete y te liberarás del sentimiento de miedo a que las cosas no salgan como tú quieres o piensas.

La doncella o virgen y las diosas asociadas

Las características arquetípicas asociadas a la fase preovulatoria encajan para mí con las diosas Artemisa, Atenea y Afrodita. Cada una de ellas pertenece a la mitología griega y sus características nos dicen mucho de esta fase del ciclo. Después de leerlas. Pregúntate: ¿qué quieres cultivar en tu fase energética? ¿Con qué diosa conectas?

Artemisa

- Diosa griega.
- Personificación del espíritu femenino independiente.
- Busca sus propias metas en el terreno que ella misma elige.
- Es símbolo de integridad.
- Representa la actitud de que «puede cuidar de sí misma».
- Se siente completa sin un hombre.
- Trabaja en lo que le gusta sin la aprobación masculina.
- Su valía radica en lo que es y no en lo que hace.
- La caracterizan el enfoque sobre la meta y la perseverancia.
- Vive en el bosque acompañada por las ninfas.
- Es el arquetipo de la unidad con una misma y de la unidad con la naturaleza.

Atenea

- Diosa griega.
- Nace de la cabeza de Zeus.
- Tiene aptitud para la planificación y la ejecución de las tareas.

- Es decidida.
- Es estratega.
- Tiene sentido práctico.
- Los resultados tangibles son una de sus características.
- Destaca por un pensamiento racional y lógico.
- Es capaz de cambiar el curso de la acción en cuanto resulta improductiva.
- Ella fue la mujer «mano derecha» de su padre, Zeus, la única diosa del Olimpo a la que él confió su rayo y su égida, símbolos de su poder. Lo que implica desarrollar una gran confianza en sí misma.

Afrodita

- Diosa griega.
- Diosa del amor y de la belleza, también de la abundancia.
- Rebosa encanto.
- Se la caracteriza por una implicación intensa y apasionada.
- Es creadora.
- Ella es el arquetipo más involucrado en la experiencia sensual y sensorial.
- La presencia en el aquí y el ahora son aspectos de Afrodita.
- El placer está unido a ella, pero no sólo el placer sexual, sino el placer de comer, del arte, de la música, de todo aquello que despierte los sentidos y te conecte con el cuerpo.
- Te dice que la sexualidad es explorar tu propio cuerpo y tu propio placer.
- Destacan su frescura y naturalidad.

Las enseñanzas de las diosas vírgenes

Después de haber visto las tres diosas, quiero compartir un ejercicio específico sobre la diosa Artemisa, diosa virgen independiente.

Artemisa lleva consigo su arco y sus flechas, vive en el bosque y es libre. Entre otras cosas la caracterizan el enfoque sobre la meta y la perseverancia. Y ya que una de las características del arquetipo de la doncella o virgen es ocuparse de lo que a una le interesa e ir a por ello, vamos a focalizar en lo que queremos, en esas metas que queremos conseguir y lo vamos a hacer a través de un ejercicio de qi-gong que aprendí en un retiro maravilloso en 2019. El qi-gong es una disciplina de origen oriental que nos habla de la importancia de canalizar de forma adecuada la energía vital (el qi) a través de los diferentes meridianos que recorren nuestro cuerpo. La traducción literal de qi-gong vendría a ser «el trabajo de la respiración» y es la sincronización armónica de los tres procesos vitales: cuerpo, mente (corazón) y respiración.

Para realizar la práctica debes ponerte de pie, un pie frente al otro separados como medio metro. El pie de enfrente mirando hacia adelante y el pie de detrás mirando de costado, y flexionando un poco las rodillas como si estuvieras colocada para lanzar una flecha con un arco. Llegada a este punto, vas a respirar profundamente y vas a sentir en tu corazón hacia dónde va tu intención, qué es aquello que quieres conseguir, qué es aquello a lo que dices «sí» en tu vida. Una vez que lo tengas claro, posicionarás los brazos y las manos como si tuvieras un arco y una flecha, tensarás el arco, y en el momento de soltar la flecha, visualizarás claramente tu intención y sacarás el aire con un «sí» contundente. Realiza la práctica 3 veces sobre la misma intención, y cada vez que estés en la doncella o virgen, o la Luna esté en su fase creciente, puedes afirmar tus intenciones con esta práctica de unión con Artemisa.

También quiero compartir contigo una lista de canciones y música inspiradora para que te acompañe en los momentos de esta fase de disfrute y despertar. Puedes escucharlas, bailarlas, cantarlas, lo que te apetezca.

Cindy Lauper: *Girls just wanna have fun*
Beyoncé: *Run the world (girls)*
ABBA: *Dancing Queen* (Mamma mia version)
Rosa Zaragoza: *A la luz de la risa de las mujeres*
Alicia Keys: *Girl on fire*
Hailee Steinfeld: *Love myself*

La fiesta de Imbolc

La bonita fiesta de Imbolc está relacionada con el volver a ver la luz y confiar en la vida.

Es una festividad celta en honor a la diosa Brigid, la triple diosa: doncella, madre y anciana; es decir, juventud, madurez y vejez. En Imbolc empieza para mí su vertiente de doncella: la luz gana cada vez más terreno a la oscuridad, los almendros florecen, siembras las semillas que podrás recoger en la época de la cosecha con Lammas (agosto), Mabon (septiembre) y Samhain (octubre) y la primavera está cada vez más cercana.

Estamos en la fase doncella o virgen, momento en el que la luz va volviendo cada vez más a nosotras después de haber estado en nuestra cueva interna y en nuestro recogimiento. Es por ello por lo que he decidido elegir Imbolc como la fiesta representativa para este momento de nuestro ciclo, porque la energía va volviendo y cada vez nos sentimos con más ganas. Es también un tiempo para ser consciente de qué quieres que empiece a renacer en ti, en tu vida, por lo que te propongo una práctica para integrar la energía y enseñanzas de Imbolc.

Para el ritual necesitas unas semillas, pueden ser de lo que tú quieras. Elige un lugar tranquilo y cómodo y resérvate un rato para ti, sin interrupciones. Busca un lugar en el que puedas sembrar en la tierra: en el jardín, en una maceta, en plena naturaleza...

Ponte música de fondo alegre, optimista, que te conecte con el proceso creativo.

Antes de comenzar cierra los ojos un momento y mira hacia dentro, escuchando en tu interior y pregúntate: ¿qué quiero sembrar? ¿Qué quiero que se manifieste en el tiempo de la cosecha (agosto-septiembre-octubre)?

Déjate sentir sin forzar nada. Puede ser que las respuestas te lleguen en forma de sensaciones, de imágenes, de palabras... Tan sólo observa y escucha.

Ahora coge la semilla o semillas elegidas, entiérralas y en este proceso ten en mente en todo momento lo que realmente simboliza esta semilla para ti.

Para no olvidar lo que has sembrado, apúntalo en una libreta, y cuando llegue el tiempo de la cosecha, consúltalo nuevamente, a ver qué ha sucedido. Haz un seguimiento de lo que va sucediendo con tu semilla a lo largo de estos meses. Puedes cuidarla si la has plantado en casa, o visitar el sitio de la naturaleza donde la plantaste, regarla de vez en cuando si lo necesita y ver qué le está sucediendo. Al mismo tiempo, observa si lo que simbolizaba para ti también está creciendo y se está materializando en tu vida.

Visión global

Sexto don: La conexión con la madre o reina interior

Acercarse a la madre

Puede ser que al leer la palabra «madre» ésta te remita a tu propia madre o si eres madre, que te haga pensar en ti como madre, pero lo cierto es que va más allá.

¿Recuerdas el principio del libro cuando te hablaba de la Gran Madre? Ella representaba el planeta Tierra y lo que éste ofrecía: nutrición, protección, abastecimiento, seguridad… a sus habitantes. Si pienso en el concepto de «madre» me viene a la mente:

- Hijas o hijos
- Cuidar
- Proteger
- Darse a los otros
- Alimentar
- Dar apoyo

Y todo ello me hace pensar en un mito de Gea o Gaia, que es la diosa primigenia que personifica a la Tierra en la mitología griega. Lo leí en *Moon Mother, Moon Daughter* de Janet Lucy y Terri Allison y me pareció precioso. Lo traduzco aquí para ti.

> *Bailando libremente, dando vueltas y moviéndose en espiral, Gaia se separó de lo que era el universo y se convirtió en una bola de tierra.*

Ella misma, bajo esta forma, esculpió majestuosas montañas, colinas redondeadas, planicies y valles y llenó los agujeros y grietas con océanos y riachuelos.

El Sol besaba su cuerpo, dándole fuerza y también árboles robustos, plantas medicinales y comestibles y bonitas flores. La lluvia del cielo la bañó como si de una ducha agradable se tratase. Muy pronto Gaia se vio cubierta por el arcoíris de colores brillantes: azul zafiro, verde esmeralda y rojo rubí. Estaba llena de dicha y una fuerza vital creativa palpitaba en su cuerpo e irradiaba de su ser.

Ella seguía dando vueltas en un éxtasis cósmico y celebraba su nueva forma y su nueva vida. Gaia se quería plenamente. Amaba sus curvas, su forma y quería compartir su alegría vital. Así que, su cuerpo fértil también acogió a otras criaturas de muchos colores y formas diferentes.

Gaia, la Gran Madre y diosa de la Tierra, las quería y cuidaba de ellas. Les daba alimento y las refrescaba con aguas cristalinas. Bendecido todo por el Sol y por la Luna, Gaia creó un ritmo armónico de ciclos y estaciones y todas las criaturas bailaban a su alrededor en el gozoso ciclo de la vida.

El mito de la creación de Gaia arroja luz a la correlación entre el cuerpo terrestre con sus colinas redondeadas, sus valles, sus ríos, etc., y nuestros cuerpos. La idea de la Tierra como metáfora del cuerpo femenino es muy antigua y las imágenes de la diosa en todo el mundo muestran el cuerpo femenino como completo y lleno de abundancia.

Así pues, el arquetipo de la madre nos remite a esta relación primigenia que existe con el cosmos y la naturaleza y, como tal, nos acerca de un modo muy claro a vernos y contemplarnos como microrrepresentación de la Madre Tierra. Estamos hechas a imagen y semejanza de nuestro planeta y esto merece respeto y admiración, de nosotras hacia nosotras y de los demás hacia nosotras.

Si piensas en el concepto de «madre», ¿qué asocias a él? ¿Qué viene a tu mente?

Es interesante tener presentes las palabras que hayas podido pensar porque dicen mucho de lo que asocias a este arquetipo y de lo que de manera inconsciente se proyecta cuando lo vives o de cómo lo has vivido o vivirás si te conviertes en madre. Este arquetipo te conecta con una parte biológica intrínseca a ti y muy poderosa, que es la de dar vida. Así como la Madre Tierra lo hace, nosotras también.

La parte física

Esta 3.ª fase del ciclo se corresponde con la fase ovulatoria y comienza cuando se producen los niveles máximos de la hormona luteinizante. Esta hormona estimula el folículo elegido por el cuerpo para que se aproxime a la superficie del ovario y finalmente se rompa y libere un óvulo.

Esta fase dura entre 16 y 32 horas aproximadamente. El óvulo puede ser fecundado hasta un máximo de unas 12 horas después de su liberación y es más probable si los espermatozoides están presentes en el sistema reproductor antes de la liberación del óvulo.

En torno al momento de la ovulación, algunas mujeres pueden experimentar dolor leve o más intenso en la parte inferior del abdomen. Es el dolor conocido como *mittelschmerz* (literalmente, dolor de la mitad o del medio) o dolor pélvico intermenstrual.

El dolor puede durar desde unos minutos hasta algunas horas y se desconoce la causa. Podría ser por la rotura del folículo y no acostumbra a aparecer en todos los ciclos. Puedo hablarte de este dolor porque yo lo he experimentado en algunos ciclos y el mío ha sido molesto de verdad, con una duración de varias horas y también con un poco de sangrado en alguna ocasión.

Sobre esta fase del ciclo, hay algo interesante que me contó mi ginecóloga: la liberación del óvulo no siempre alterna de un ovario al otro cada mes, como muchas veces se cree. Es decir, no tiene por qué seguir el patrón derecho-izquierdo, izquierdo-derecho. Puede ocurrir que un mismo ovario libere el óvulo durante dos o más ciclos consecutivos. No es algo que se pueda predecir, me explicó.

Además, si se extirpa un ovario, el otro puede asumir la función y liberar un óvulo cada mes, manteniendo el ciclo ovulatorio.

Por otro lado, según el libro *The Lunar Cycle* de Francesca Naish, también podrías ovular –o tener el potencial de hacerlo– una segunda vez en tu ciclo cuando la Luna vuelve a estar en la misma fase en la que se encontraba el día de tu nacimiento. Una conexión hermosa entre tu cuerpo y el cielo.

La parte emocional y espiritual

La fase de la madre o reina se relaciona con la Luna llena, con el verano y con la manifestación. La combinación de todo ello define nuestros días en esta fase.

Acostumbra a manifestarse una semana después de empezar a sentir a la doncella o virgen, pero cada mujer es un mundo y la mejor manera de ver cuándo se manifiesta en ti es llevar un registro con tu diagrama lunar.

En esta fase nos sentimos cómodas hasta cierto punto. Piensa que el arquetipo de la doncella o virgen y el de la madre o reina son los más aceptados a nivel social: la chica alegre y llena de energía y la madre que cuida de sus hijos.

Pero ¿y si no quieres tener hijos? ¿Y si no puedes? Ya aparece la sombra de la crítica y la invalidación a nivel social. Sé que esta mirada está cambiando, y doy gracias, pero aún existe la creencia de que para que una mujer sea válida debe poder procrear y hacerlo. De hecho, y pensando en la faceta de reina, vienen a mi mente las reinas cuyo cometido era dar un heredero varón a su rey, y si esto no era posible, se buscaba a una cortesana que pudiese asumir este papel. ¿Cuántas veces se culpaba a la mujer por no poder tener hijos? o ¿cuántas veces habéis oído el comentario «y cuándo vas a tener hijos»? La verdad es que se ha definido muy claramente cuál es nuestro papel, qué debemos hacer, cuándo y también cómo.

Volviendo a la faceta de la reina, ésta no era sólo la que debía engendrar al heredero, sino que debía agradar al pueblo y ser una buena esposa de su rey. Pero también ha habido reinas que han gobernado por derecho propio y no solamente han ocupado el puesto de reinas consortes. A lo largo de la Historia han sido vistas como mujeres fuertes y con grandes capacidades para llevar a cabo su cometido. Cleopatra, Isabel la Católica, Isabel I de Inglaterra, Catalina la Grande, María

Antonieta, Victoria de Inglaterra e Isabel II de Inglaterra. Sus roles se asemejan a una combinación entre las diosas Isis y Deméter, que podrás ver en el apartado dedicado a ellas. Su fuerza y empuje también nos invaden en esta fase.

Más allá de los hijos biológicos, la ovulación hace referencia a la manifestación de algo que se gestó a partir de la semilla que se plantó en la fase de la anciana o bruja.

Si hemos podido llevar a cabo aquello que nos habíamos propuesto (semilla), sentiremos una sensación placentera de poder cosechar aquello que habíamos plantado; si no hemos podido llevar a cabo lo que queríamos, quizás afloren sentimientos de haber perdido una oportunidad o de haber fracasado. No se trata de juzgarnos, sino de permitirnos observar cómo nos sentimos.

Haberte escuchado durante la fase de la anciana o bruja y haber dado prioridad a tu cuerpo y a lo que te pedía puede ser una semilla mágica para plantar en esa fase y ver cómo se manifiesta en esta fase ovulatoria, cuidándote y mimándote, y cuidando y mimando a quienes se crucen en tu camino. Plantar una semilla no significa siempre querer grandes cosas o querer que grandes proyectos salgan a la luz; y aunque así fuese, que puede ser, puede tratarse de proyectos o ideas a largo plazo y aquí lo que puede manifestarse es el cuidado hacia ellos, el tenerlos en cuenta y no dejarlos abandonados.

Esta fase se relaciona con la Luna llena, el momento de máximo esplendor de la Luna en el cielo y, por tanto, el momento de máximo esplendor en nuestro ciclo. No me refiero a que sea el mejor del ciclo, porque no hay ninguno mejor ni peor porque cada fase nos aporta y nos enseña algo. Simplemente que aquí todo se ve. Es una fase hacia el exterior. Corresponde también a la estación del verano, que es el momento en el que hay más ganas de salir, de interactuar, de gozar, de sentir el Sol en nuestra piel, etc.

Las fases que son «hacia el exterior» son las mejores para relacionarse, crear, llevar a cabo proyectos, ideas, etc. Son la manifestación de lo que se ha ido gestando en las fases «hacia el interior».

El rito de paso del parto y la maternidad

El parto es la entrada a una nueva etapa de la vida. Es un rito de paso que no todas vivirán del mismo modo. Parir no sólo nos habla de parir un hijo de carne y hueso, sino que podemos dar a luz un proyecto, una pasión, una obra de arte, un libro… Crear está unido a manifestar algo en el plano físico y real, sea cual sea la idea o ideas que están en el plano de la imaginación y de la ficción.

Este rito de paso hay que abordarlo de dos maneras distintas: si has sido madre biológica y has pasado por la experiencia del parto físico, puede que toque sanar esta experiencia, que en muchas ocasiones se ha vivido de un modo poco respetuoso y podría ser un impedimento para que puedan «parirse» otras creaciones propias. Si, por el contrario, fue una experiencia placentera y empoderadora, puede revivirse la fuerza y empuje para aplicarlo a otros proyectos a los que queramos dar a luz.

Si no has sido madre biológica, la experiencia del parto quizás haya venido por dar a luz una idea, un negocio propio, un proyecto…

Ambas maneras puede que ya hayan llegado o estén por llegar. Lo importante es ser conscientes de nuestro poder creador y de la capacidad de manifestar y materializar. Yo entiendo «el parto» como traer algo al mundo físico y relacionado con la capacidad creadora de la mujer. La Gran Diosa Madre es por excelencia procreadora y «cuidadora» de sus creaciones. Nosotras también.

El parto físico de un ser vivo es en sí mismo una experiencia transformadora. Cada mujer lo experimenta a su manera; en mi caso fue un parto complicado, finalmente vaginal y no por cesárea, pero complicado. Fue medicalizado porque, aunque yo quería un parto natural, no pudo ser. No había manera de que dilatase y hacía horas que ya estaba de parto, así que la comadrona me pidió permiso para utilizar medicamentos. Finalmente, después de varias dosis de epidural (analgesia para reducir o hacer desaparecer por completo los dolores causados por las contracciones) y usando la maniobra de Kristeller, mi hija nació. Esta maniobra consiste en ejercer presión sobre el abdomen de la mujer con el supuesto fin de favorecer la salida del feto por el canal del parto. Después me enteré de que puede tener efectos nocivos para la vida de la madre y del bebé, y que su eficacia no ha sido realmente probada. También me realizaron una episiotomía (es una incisión que se hace en el perineo –el tejido entre la abertura vaginal y el ano– durante el parto) y tuvieron que acabar usando fórceps para que mi hija saliera.

La verdad es que fue un viaje tortuoso, que parecía no tener fin.

Mi experiencia fue así, y no fue nada placentera, ni al ver a mi hija se me borró lo que había vivido, como muchas personas me decían que pasaría: «Ya verás, cuando nazca te olvidarás de todos los dolores y del parto». Pues no, no me olvidé, ni lo he olvidado ni quiero olvidarlo. Para mí es muy importante haber expresado desde el primer momento lo duro que fue y no haberme avergonzado de mi dolor.

Y la maternidad llega, tienes ahora a tu cargo a un bebé que va a estar en tu vida para siempre.

Recuerdo un pensamiento que vino a mí pocos días después de dar a luz y ver a mi hija tumbada en su cuna. «Soy responsable de este ser vivo» y me sentí abrumada y asustada al mismo tiempo. Era como si aún no hubiese sido consciente de lo que significaba ser madre. Después me relajé y con el tiempo descubrí que «aprender haciendo» era la mejor opción. No podía tenerlo todo controlado y a ser madre se aprende siendo madre.

En cuanto a tu experiencia:

- ¿Has sido madre biológica? ¿Quieres serlo?
- ¿Cómo fue tu parto? ¿Cómo te habría gustado que fuese? O si quieres ser madre o estás a punto de serlo, ¿cómo te gustaría que fuese?
- ¿Tuviste algún aborto? ¿Cómo viviste esta experiencia?
- ¿Has dado a luz alguna idea o proyecto? ¿Cómo ha sido tu experiencia?
- ¿Quieres hacerlo?

Concienciación y sanación

Sea cual sea tu situación, y teniendo en cuenta lo que acabas de reflexionar, te propongo un ejercicio para tomar conciencia y sanar aquello que aún necesita ser sanado. La conciencia y la sanación suelen estar profundamente ligadas a experiencias dolorosas que hemos vivido.

En este contexto, quiero hablar de las pérdidas. A menudo, pensamos en la pérdida de un hijo biológico o en el duelo por un proyecto o una idea que no llegó a materializarse. Sin embargo, el arquetipo de la madre o reina va mucho más allá. Su capacidad de cuidar, de sostener, de escuchar y de amar también la convierte en una guía para transitar otros tipos de pérdidas afectivas: la pérdida de un trabajo, un cambio de hogar, la muerte de una mascota, una ruptura sentimental o la partida de un ser querido.

ACEPTACIÓN ⟶ DUELO ⟶ PERDÓN

Aceptar no significa resignarse, sino ser consciente de que lo que sucedió ya sucedió y que querer cambiarlo o «rumiar» una y otra vez sobre ello no hará que cambie.

Aceptar es soltar las ganas de cambiar algo.

Cuando el dolor aflora, no tienes por qué echarlo o «arreglarlo», simplemente puedes sentarte con él, observarlo con franqueza y curiosidad y abrazarlo amablemente en el momento. Tu respiración puede ser el ancla que te sujete, que te sostenga en ese momento. No importa lo confundida o perdida que estés, tu respiración siempre está aquí para ti. Lao Tse, filósofo chino, dice que cuando estás y te sitúas en el momento presente, tal y como es, y no esperando que sea como tú deseas, ahí está el primer paso de la aceptación.

El duelo es un proceso interno que se produce ante la pérdida de una relación afectiva, sea del tipo que sea. Hacer el duelo es permitirte sentir y que los sentimientos y emociones afloren a la superficie. En ningún caso hay ningún tipo de juicio hacia ti.

Puedes escribir tus emociones, llorar, gritar, pegarle a un cojín, hablar con alguien de confianza, correr... Aquello que sientas está bien y debes permitirte que salga hacia fuera.

Perdonar es una de las virtudes más maravillosas que poseemos los seres humanos. Perdonarnos es liberarnos y perdonar a los otros es también liberarnos. Una situación, una vivencia, nos ha hecho daño, nos ha atravesado por dentro y nos ha roto. Hemos experimentado rabia, miedo, tristeza, culpa, vergüenza, etc., hacia nosotras mismas o hacia otras personas, pero no podemos vivir encadenadas a ello porque nos consumirá. El camino hacia la sanación personal es el perdón, pero éste requiere de un esfuerzo por ver con benevolencia y amor a quien nos agravió y a aceptar las partes de nosotras mismas que en algún momento rechazamos. Perdonar es transformar el sufrimiento en compasión, es salir de la mente y bajar al corazón. El corazón no juzga y al perdonar te libera de los juicios de la mente transformándote.

Visualización

Para ponerlo en práctica te propongo la siguiente visualización, en la que te acompañaré en el camino de la concienciación y la sanación. Para realizar la práctica necesitas unos momentos para ti y un espacio en el que te sientas cómoda y a gusto. Pon música relajante y lee el texto para, seguidamente, poder realizar la visualización.

> *Una vez elegido el momento y el lugar, sentada de manera confortable y cómoda, cierra los ojos y respira profundamente. Respira de manera tranquila y profunda, soltando con cada espiración, la tensión de tu cuerpo.*
>
> *Imagina ahora como de tus pies nacen unas raíces, unas raíces que se adentran en la Madre Tierra. Sientes la humedad de la tierra en tus pies y te sientes arraigada y poderosa.*
>
> *Inspiras profundamente por la nariz y dejas salir el aire por la boca y con cada respiración te sientes cada vez más relajada y más a gusto.*
>
> *Mira ahora en tu interior y dejarás que aflore una pérdida que hayas experimentado en tu vida. No pienses, sólo deja que aflore lo que tenga que aflorar. No tengas miedo, éste es un espacio seguro en el que nada ni nadie podrá hacerte daño. Nada de lo que aquí experimentes será dañino para ti en ningún nivel. Sólo hay observación, no hay ningún juicio sobre ti, ni sobre nadie. Así pues, relájate, siéntete a gusto y deja que aflore la experiencia que deba aflorar.*
>
> *Te ves ahora en un patio de butacas de un teatro. Estás sentada cómodamente y estás sola. En el escenario empiezan a aparecer diferentes actores y se empieza a representar una escena de tu vida, la escena que hace un momento ha venido a ti, ha surgido*

de tu interior porque debía ser así, porque debía surgir ahora, en este teatro.

Sentada cómodamente observas esa situación de pérdida que experimentaste o has experimentado hace poco. No estás en el escenario, no la estás reviviendo, la estás observando desde fuera, desde la calma y la tranquilidad.

La serenidad te invade. Y estando sentada en tu butaca del teatro de tu vida, sientes cuál es tu camino para proceder con tu pérdida. La respuesta está en tu interior y desde allí emana lo que necesitas saber en este momento de tu vida. Sin juicios, sin reproches. Ni a ti ni a nadie. Te dejo unos minutos para que conectes con este mensaje.

Ahora vas a ir volviendo al estado de conciencia, y para ello comienzas moviendo los pies, las piernas, los dedos de las manos, las manos, los brazos, el cuello y finalmente, cuando estés preparada, abre los ojos.

Una vez terminada la práctica, tómate unos minutos para aterrizar de nuevo en el aquí y el ahora. Una vez que ya hayas regresado por completo, contesta a las preguntas que te propongo para que puedas plasmar lo que has visto y sentido y se haga presente y visible y pueda sanar si es que debe sanar.

¿Cómo te has sentido? ¿Qué escena se te ha presentado?
¿Has recibido tu mensaje interno de cómo proceder con ello?

Tu madre

Este arquetipo está ligado también a nuestra propia madre. La manera en cómo hayamos vivido o vivamos la relación con nuestra madre dirá también mucho sobre la posibilidad de crear, de cuidar, de cuidarnos y de vivir esta fase de nuestro ciclo en equilibrio.

Reconocer y aceptar a nuestra madre es el paso para sanar patrones y maneras de hacer que hemos adquirido sin que ni siquiera sean nuestros.

Al convertirme en madre hace ya unos años me prometí algo a nivel interno y sin ser consciente de ello: sería una madre como mi madre lo había sido. Cuidaría a mi hija en todo momento, le ofrecería lo mejor, le explicaría las cosas, buscaría soluciones a problemas imposibles y así mi hija se sentiría tan a gusto y protegida como yo me había sentido siendo pequeña y adolescente al cuidado de mi madre.

Buff, no sé si al leer las líneas de arriba os habréis puesto ya las manos en la cabeza porque yo sí lo he hecho. La verdad es que yo siempre he sentido y siento devoción por mi madre, la quería y la quiero, pero no me había dado cuenta de que su manera de ser madre conmigo quizás no era la manera en la que yo iba a criar a mi hija. Y era así por el simple hecho de que yo era otra persona, yo no era mi madre.

Ella me hacía sentir protegida, a gusto, y esta sensación era la que quería transmitir de manera inconsciente a mi hija. ¿Qué pasó? Que, sin querer, me comparaba con mi madre, para ser igual que ella. La sensación de frustración, de no llegar a unas expectativas que yo misma me había impuesto hacían que me sintiese mal conmigo misma porque realmente no era yo; yo no era auténtica. Debía descubrir qué madre era yo.

Y descubrí que yo era una madre un poco intransigente, que no siempre cedía a los deseos de mi hija, que era capaz de decirle que «en este momento no tengo ganas de jugar, estoy cansada», que le pedía que me ayudase en tareas del hogar sin tener miedo a agobiarla, que podía reñirla si lo merecía sin sentimiento de culpa, y otros ejemplos más.

Todo ello fue un proceso, no sucedió de la noche a la mañana y tampoco fue fácil. Dudaba de mí, de mi capacidad de ser una madre amorosa y cariñosa, confundía querer con mimar, a veces me sentía culpable si perdía los nervios…

Poder realizar la tarea de contemplar, ver y observar a la propia madre desde una perspectiva objetiva y sin juzgarte ni sentir remordimientos por si la estuvieses traicionando de algún modo es un trabajo que todas deberíamos hacer.

Así como en el arquetipo de la doncella o virgen aparecía la figura del padre y el reconocimiento, aquí aparece la madre, para verla como la mujer que es, desnuda de idealizaciones y de abalorios con los que la hayamos ido adornando desde la infancia. No por hacer esto estamos perdiendo algo, de hecho, estamos ganando porque la contemplamos como ser humano que es, con sus virtudes y sus defectos.

Poder hacerlo es liberador, primero porque descubrimos que no estamos haciendo nada malo y, segundo, porque descubrimos que no tenemos que ser como nuestra madre.

Esta reflexión pretende visibilizar esta parte de tu vida que te ha marcado en muchos niveles, sin a veces saberlo. Hay un libro muy bonito que trata la relación con la madre a través de las historias de varias mujeres. Es el libro *Mother in the Mother* de Pippa Grace, y su enfoque me pareció una manera muy interesante y reveladora de ver a las madres. Te lo recomiendo.

El linaje materno

Honrar nuestro linaje materno es reconocer a las mujeres de nuestra familia, sus vidas, sus procesos y ser capaces de reconocer la herencia que nos han legado para poder cambiar lo que deba ser cambiado y liberarnos y liberar así a las próximas generaciones, si las hay.

Recordarlas, tenerlas presentes, conocerlas, nos recuerda que no estamos solas, que existe un linaje de mujeres detrás de nosotras que nos arropa y que seguirá en nuestras hijas. Honrando nuestro linaje materno y trayéndolo a la conciencia y al presente reclamamos la conexión atemporal y fortalecemos el vínculo de pertenencia. Esto nos permite florecer y prosperar como mujeres.

¿Y cómo honramos nuestro linaje materno? Pues lo primero será conocer a tantas mujeres de nuestra línea materna como sea posible. Se trata de saber quiénes fueron tus ancestros femeninos, si es posible: el nombre de tu madre y de tu abuela, el de tu bisabuela y tatarabuela y la madre de tu tatarabuela y así hasta donde puedas llegar.

Si nunca conociste a tu madre o abuela, no importa, al decir su nombre, la práctica adquirirá sentido. Del mismo modo que si eres adoptada, el nombre de tu madre adoptiva, que es quien te cuidó, será perfecto para reconectar con el poder del linaje porque la energía que fluye es la de la madre que te crió.

La práctica es muy bonita si puede hacerse con otras mujeres o con las mujeres de la familia, así que puedes realizarla como prefieras. Si la haces sola, también está bien.

Se trata de una adaptación de la ceremonia del hilo rojo de De Anna L'Am. Para ello vas a necesitar un ovillo de hilo o lana rojo, no muy grueso, unas tijeras, una vela y un espacio tranquilo y agradable.

Sentadas en círculo, si sois varias mujeres, o tú sola, coloca una vela en el centro del círculo o delante de ti. Cierra los ojos, respira profundamente y siente la intención de honrar a tu linaje materno con esta ceremonia.

Coge el ovillo de lana roja y coge el principio de la lana. Ahora pásalo alrededor de tu muñeca izquierda, dando una vuelta por cada uno de los nombres de las mujeres de tu linaje materno que vas a nombrar. Te muestro cómo: «Soy Sònia (doy una vuelta con la lana a mi muñeca izquierda), hija de Magdalena (doy otra vuelta), hija de Ángeles (doy otra vuelta), hija de Juanita (doy otra vuelta), hija de...» . Y así sucesivamente hasta llegar hasta donde conozcas.

Llegada a este punto, seguirás si es que tienes hijos o hijas, para honrar a las nuevas generaciones. Si has tenido algún aborto, también hay que nombrar a ese hijo o hija que no llegó a nacer, o si perdiste a un hijo o hija que sí nació, también hay que honrarle. Te aviso que puede ser un momento muy emotivo. Yo tuve un aborto espontánco a las pocas semanas de quedarme embarazada y antes de tener a mi hija. Hasta que no realicé esta ceremonia no me di cuenta de que realmente había pasado por un momento de pérdida. Fue muy impactante para mí porque creo que fue algo que no había integrado todavía. Estaba de pocas semanas, el ginecólogo no tuvo que hacerme ningún tipo de intervención y ahí quedó la cosa.

Al realizar esta ceremonia todos los sentimientos afloraron en mí y di gracias por poder abrazar esa experiencia conscientemente.

Para poder realizar esta parte dirás (según tu experiencia): «soy Sònia, madre de un hijo nonanto (vuelta a la muñeca) y madre de Céline (vuelta a la muñeca)».

Si realizas la actividad con otras mujeres, cuando una haya terminado, sin cortar el hilo, lo pasará a la siguiente mujer, que seguirá el mismo proceso; así estaréis todas unidas durante el proceso.

Una vez terminada la vuelta a todo el círculo, corta el hilo y haz un nudo para que esta pulsera se mantenga durante un tiempo. Cuando la veas, te recordará a las mujeres de tu vida que están ahí y que te acompañan en tu camino. Lleva la pulsera el tiempo que consideres necesario. Para terminar, da las gracias y apaga la vela. Ahora, si estás con otras mujeres, podéis compartir algo de beber o de comer.

La madre o reina y la energía yin

La fase de la madre o reina está conectada con la energía yin.

¿Qué aspectos de la energía yin sientes en ti durante esta fase?

¿Qué aspectos crees que deberías estar atendiendo en esta fase y que no atiendes?

Rodea las que sientes en un color y las que deberías atender en otro.

- ☐ Crear
- ☐ Cuidarme
- ☐ Ocuparme de mis ideas, proyectos, etc.
- ☐ Pasar tiempo en familia
- ☐ Disfrutar de los hijos
- ☐ Nutrirme

La madre o reina y el elemento tierra

Cada uno de los 4 elementos puede relacionarse con las 4 fases del ciclo teniendo en cuenta sus características y sus enseñanzas. La fase de la madre o reina la he relacionado con el elemento tierra, que es yin, y vamos a ver cómo podemos tenerlo en cuenta y honrarlo.

Este elemento se asocia a la firmeza, a la materialización, a la manifestación, a la búsqueda de lo concreto y a la seguridad.

Podemos honrar la tierra creando con nuestras manos, cuidando de nuestros proyectos, socializando desde la presencia, sosteniendo a quienes nos rodean, escuchando con atención y, sobre todo, cuidándonos a nosotras mismas.

¿Qué resuena contigo?

El arquetipo de la madre o reina nos invita a despertar nuestra creatividad. Lucy H. Pearce afirma que el acto de crear nos conecta con la alegría y con nosotras mismas. Crear es algo intrínseco a lo femenino. Como vimos al hablar del segundo don, habitamos un útero físico, pero también simbólico y energético, que nos vincula con la capacidad de dar forma y vida a muchos niveles.

Cuando creamos, nos sentimos más vivas, más alineadas con el fluir de la existencia y más conectadas con el pulso de la tierra que nos sostiene.

Así como en la fase de la anciana o bruja, o en la fase de la chamana o hechicera, que pronto veremos, tenemos una conexión especial con nuestra intuición, la parte creativa, la manifestación de esta intuición se da en las fases de la doncella o virgen y de la madre o reina.

Quizás creas y no sabes que lo haces. ¡Fíjate! Seguramente realizas algunas de estas actividades y nunca te habías parado a pensar que eran pura creación: cocinar, hacer jardinería, coser, hacer bricolaje, hacer media o ganchillo, moldear barro, hacer cerámica, dibujar, escribir, hacer joyas, pintar, bordar, danzar, cantar. Todas estas acciones te conectan con tu poder creativo.

¿Sientes o has sentido la necesidad de crear en algún momento del mes? Si la respuesta es «sí», ¿qué has hecho al respecto?¿Lo has puesto en práctica? ¿Cómo? Si creas, ¿cómo te sientes en ese momento?

El cuidado y el autocuidado

Quiero ahora centrarme en dos aspectos esenciales del arquetipo de la madre o reina: el cuidado y el autocuidado.

Como toda semilla que germina, nuestro proceso necesita atención constante para crecer y dar fruto. Lo que florece, sea interno o externo, lo hace gracias a la luz que le ofrecemos y a los nutrientes que le proporcionamos. Así también funcionamos nosotras: el cuidado es la energía que permite que todo lo que hemos sembrado en nosotras y en nuestras vidas pueda desarrollarse con plenitud.

Cuidar puede significar acompañar el crecimiento de un proyecto externo, como escribir un libro, emprender una idea o sostener un vínculo.

En estos casos, cuidar es implicarse, dedicar tiempo, escuchar lo que ese proyecto necesita, pedir consejo si hace falta, ajustar el rumbo, comprometerse con amor.

Pero también hay proyectos internos. A veces, el cuidado toma la forma de una decisión silenciosa: «Voy a estar más conmigo». Entonces, el autocuidado se convierte en una práctica consciente. Buscar momentos para parar. Sentarte a solas en el sofá o en el balcón y simplemente estar contigo. Escuchar tus pensamientos, registrar cómo estás. Salir a caminar, hacer yoga… o no hacer nada, si eso es lo que necesitas. Cuidarte es, ante todo, una forma de decirte: «Me veo, me escucho, me sostengo».

Ambas formas de cuidado, hacia fuera y hacia dentro, son gestos de amor. Y ambas son sagradas.

Para poder poner en práctica esta parte tan importante de esta fase, te propongo que escojas una flor o una planta que tengas ya en casa, o que compres una con el objetivo de atender esta parte de tu ciclo. Puedes tenerla en una maceta o si tienes jardín, plantarla allí.

Esta planta o flor va a representar el cuidado que vas a dedicar a tus proyectos, ideas… y a ti misma. Se trata de mimarla, cuidarla, pero no sólo los días del ciclo del arquetipo de la madre o reina, sino siempre. Los días de la madre o reina solamente van a recordarte a través de tu planta o flor que debes prestarte atención y también a tus proyectos. En el apartado dedicado a la fiesta pagana relacionada con la doncella te hablaba de Imbolc. En él te proponía una actividad también de siembra de una semilla. Si la has puesto en práctica, ésta puede ser asimismo la planta o flor que cuides para trabajar la madre o reina.

Pasos

1. Elige tu planta o flor.
2. Elige el lugar donde vas a ponerla. Debe recordarte el autocuidado y el cuidado.
3. Riégala cuando lo necesite, ponla cerca de la luz del Sol si así lo requiere.
4. En tus días del arquetipo de la madre o reina, préstale una atención especial y escribe lo que te hace sentir cuidarla. Al mirarla, piensa en lo que representa y si te estás cuidando como querías y si, asimismo, estás cuidando tus proyectos.

Vivir o no vivir la madre o reina

Al igual que la doncella o virgen, este arquetipo se manifiesta externamente a nivel mental y emocional.

Vivir la madre
Quiere decir:

- Que reconoces este arquetipo.
- Que tienes ganas de relacionarte.
- Que quieres cuidar y avanzar en un proyecto o en tus ideas.
- Que sientes ganas de cuidar a tus seres queridos.
- Que estás más dispuesta a escuchar a los demás.
- Que te cuidas.
- Que sabes lo que quieres que se convierta en realidad en tu vida.
- Que, si eres madre, aceptas cómo eres y cómo estás ejerciendo tu rol de madre.
- Que aceptas a tu madre tal y como es.
- Que quieres brillar en el mundo y no tienes miedo de ello.
- Que creas.

No vivir la madre
Quiere decir:

- Que quieres atender a todos en todo momento, que sobreproteges.
- Que te cuesta desapegarte de los hijos.
- Que los demás son siempre antes que tú.
- Que no encuentras tiempo para ti.
- Que no sabes cómo manifestar tus ideas o proyectos.
- Que no estás contenta con cómo ejerces de madre.
- Que no has aceptado a tu madre tal y como es.
- Que no sabes exactamente lo que quieres.
- Que te da miedo brillar en el mundo.
- Que temes las críticas y por esta razón no manifiestas lo que realmente sientes en tu corazón.

- Que te cuesta pedir ayuda a los demás.
- Que quieres controlarlo todo.

Uno de los signos de no haber integrado plenamente el arquetipo de la madre es la sensación de no saber con claridad lo que se quiere. ¿Te ha pasado alguna vez? ¿Te pasa ahora?

Tal vez no tengas muy definido lo que deseas en tu vida a nivel material: qué tipo de trabajo quieres, en qué ciudad o país te gustaría vivir, cómo sería tu hogar, o cómo imaginas a la persona con quien compartirías tu vida.

Y puede que tampoco lo tengas claro en lo interno: sentirte más segura de ti misma, relacionarte con más asertividad, cultivar la gratitud, cambiar ciertos patrones de pensamiento, gestionar mejor el estrés…

Quizá al leer todo esto se activen tus propios deseos. O quizás no, y eso también está bien.

Si ahora mismo sientes que no lo tienes claro, no te preocupes. Estás justo en el lugar adecuado. A veces, para saber lo que sí queremos, primero necesitamos mirar de frente lo que ya no queremos.

Puede ayudarte comenzar así:

¿Qué ya no quiero más en mi vida? ¿Qué me pesa, me incomoda o me aleja de quien soy?

Anótalo. Suéltalo en palabras. Porque lo que no queremos puede ser la primera pista hacia lo que sí. Cada «no» consciente es una puerta abierta a un «sí» más verdadero. Y desde ahí, con más conexión contigo, te propongo un ejercicio:

Escríbete una carta. Una carta dirigida a ti misma, escrita con todo lujo de detalles, en la que nombres lo que deseas para tu vida.

Hazlo usando verbos que abran caminos: Quiero… Merezco… Voy a…

No importa si no lo ves todo claro aún. Deja que la intuición te guíe. No es un examen, es una siembra. Y esa semilla que plantes hoy puede convertirse en la vida que anhelas.

Para prepararte, te aconsejo que te tomes un momento para ti, sin interrupciones, y que realices tres respiraciones profundas, que centres tu atención hacia el interior de tu ser y te preguntes qué es lo que deseas en tu vida. Deja que aflore lo que deba aflorar, sin presión, sin expectativas... Sólo déjate sorprender. Una vez que sientas que has acabado, realiza nuevamente tres respiraciones profundas y abre los ojos.

Escribe ahora como una lluvia de ideas lo que haya aflorado desde tu interior, todo, aunque sean cosas que nunca te hubieses planteado, o cosas que te parezcan raras a primera vista. No juzgues nada de lo que has visto o sentido. Una vez que hayas realizado esta lluvia de ideas, tómala y dedica un tiempo tranquilo y consciente a escribirte esa carta a ti misma. Una vez que la hayas escrito, léela en voz alta y después puedes guardarla en un lugar especial para ti y leerla de vez en cuando o también puedes enterrarla en la Madre Tierra como semilla metafórica de lo que quieres que se dé en tu vida.

La madre o reina y las diosas asociadas

Las características arquetípicas asociadas a la fase ovulatoria encajan para mí con las diosas: Isis y Deméter. Cada una de ellas pertenece a una cultura o tradición y sus características nos dicen mucho de esta fase del ciclo. Después de leerlas. Pregúntate: ¿qué quieres cultivar en tu fase de manifestación? ¿Con qué diosa conectas?

Isis

- Diosa egipcia.
- Su nombre original en egipcio era Ast.
- El nombre en griego es Isis y su significado es «trono».
- «Tú eres una y todo» dice de ella una inscripción romana.
- Representa a la mujer en todo su esplendor.
- Representa la madre, la reina y la diosa de todos los dioses.
- Contiene todos los atributos de las demás diosas de Egipto.
- Es el arquetipo femenino para la creación.
- Es la diosa de la fertilidad.
- Es conocida también como «la madre divina» por su cualidad protectora y maternal mostrada con su hijo Horus y con todos los demás seres.

- Isis también personifica la Luna, ya que la Luna era considerada uno de los ojos de su esposo Osiris y porque evitaba las inundaciones en el Nilo.
- Era la esposa y madre egipcia tradicional perfecta.
- Podía usar su ingenio para proteger a su esposo e hijo si fuera necesario. El refugio que le brindó a su hijo le dio el carácter de una diosa de la protección.

Deméter

- Diosa griega.
- Diosa de la agricultura y de la cosecha (de lo que se recoge).
- Representaba el arquetipo de la madre en el Olimpo.
- Nutre, es generosa y da, cuidando y siendo proveedora.
- En el aspecto biológico, representa el instinto maternal.
- La paciencia y la perseverancia son también cualidades asociadas a esta diosa.
- Es proveedora de sustento espiritual, es decir, enseñanzas espirituales para enfrentar la vida como una madre que guía a sus hijos.
- Es sólida y eficaz, también cálida y afectiva.
- Es altruista y leal a personas y principios (a veces incluso obstinada en este aspecto).

Las enseñanzas de las diosas Gran Madre

Para conectar con las enseñanzas de las diosas Gran Madre te invito a una actividad que te conecta con el cuidado y el autocuidado de un modo creativo, como bien corresponde a este arquetipo. Se llama «Tu jardín de amor consciente».

Esta práctica es a partir de una visualización en la que te voy a guiar. Busca un momento propicio para ti y un espacio en el que te sientas a gusto. Pon música de tu agrado y lee el texto para, a continuación, poder realizar la visualización.

Sentada de manera confortable y cómoda, quiero que tomes aire por la nariz y lo sueltes por la boca y cierres ahora los ojos. Coge ai-

re por la nariz y suéltalo por la boca con un HAAAAAA. Coge nuevamente aire por la nariz y suéltalo por la boca.

Imagina ahora como de tus pies nacen unas raíces, unas raíces que se adentran en la Madre Tierra. Sientes la humedad de la tierra en tus pies y te sientes arraigada y poderosa.

Inspira profundamente por la nariz y deja salir el aire por la boca, y con cada respiración te sientes cada vez más relajada y más a gusto y vas viendo cómo las diferentes tensiones de tu cuerpo van desapareciendo y del mismo modo las preocupaciones y problemas que te hayan podido acompañar hasta aquí.

Ahora quiero que lleves tu atención a tu corazón y quiero que te centres en percibirlo, en si lo sientes en tu interior. Sin juzgarte, sin forzar, sólo déjate sentir.

Ahora te imaginarás en un jardín, sí, sí, un jardín que es tuyo y está en el lugar que a ti más te guste: frente al mar, junto a una casa, en un prado alejado..., donde tú quieras.

Éste es tu jardín particular en el que se encuentran muchas y variadas plantas y flores que has plantado y que cuidas para que crezcan, florezcan y prosperen.

Sitúate en el centro de tu jardín. ¿Cómo te sientes? ¿Cómo están tus plantas y flores? Míralas, obsérvalas, siéntelas... ¿Hay alguna que necesite más luz o más agua? ¿Quieres plantar una nueva semilla? ¿Hay que arrancar o podar alguna planta? Tan sólo siéntelas y mira qué representa cada una en tu vida: tú misma, amistades, pareja, familia, ideas, deseos, proyectos, etc.

Obsérvalo todo y date un tiempo.

Situada en tu jardín de amor consciente, mira de nuevo tus plantas y flores y dales las gracias por formar parte de tu vida.

Puedes regresar a él siempre que quieras y observar cómo va su cuidado y cómo te sientes en él.

Ahora, poco a poco vas a ir regresando al estado de conciencia y para ello comienza moviendo los pies, los tobillos, también las piernas. Seguidamente puedes ir moviendo los dedos de las manos, las manos mismas, los brazos, también el cuello, la cabeza y por último, cuando te sientas preparada, abre los ojos.

Después de haber realizado esta visualización, dibuja tu jardín de amor consciente. Es el que cultivamos durante toda la vida y al que debemos prestar una atención especial durante esta fase del mes.

Aunque durante la visualización no te hayas visto a ti misma como planta o flor, quiero que, de modo muy consciente, te dibujes en el jardín. Date la forma que más te guste y dibújate junto a todo lo demás que llena tu vida.

También quiero compartir contigo una lista de canciones y música inspiradora para que te acompañe en los momentos de esta fase de manifestación, autocuidado y brillo. Puedes escucharlas, bailarlas, cantarlas, lo que te apetezca.

Trïbe: *I am woman*
Ava Max: *Kings and Queens*
Peia: *Mori Shej*
Bon Jovi: *It's my life*
Mariah Carey: *Hero*
Céline Dion: *I am alive*

La fiesta de Lammas

La fiesta de Lammas o Lughnasadh es el tiempo de la primera cosecha y para los pueblos celtas era un momento de reunión y festejos en agradecimiento a la Madre Tierra por su abundancia y generosidad en forma de alimentos.

Se celebra en la Luna llena más cercana al 1 de agosto, justo entre el solsticio de verano y el equinoccio de otoño. Es un momento propicio para meditar sobre lo que se ha conseguido durante el año y dar las gracias por ello. Las semillas plantadas dan su fruto y se recoge lo que se ha sembrado.

Del mismo modo, en nuestro Lammas privado mensual damos las gracias por la manifestación y materialización que se da en la fase de la madre. Es por ello que debemos estar atentas a lo que cosechamos cada mes, ser conscientes de ello y agradecer todo lo que se ha hecho realidad.

Para honrar nuestra fase de la madre, te propongo rellenar el frasco de la manifestación con todo aquello por lo que das las gracias y ser así consciente de aquello que se hace realidad en esta fase. Puede ser un frasco real que rellenes con papelitos escritos o puede ser un frasco virtual, es decir, el dibujo de un frasco en una hoja de papel dentro del cual irás escribiendo.

Puedes usarlo cada mes para tu fase de la madre o reina si así lo deseas.

Visión global

Séptimo don: La conexión con la chamana o hechicera interior

¿Qué es una chamana o hechicera?

La palabra «chamán/chamana» parece provenir de la palabra sánscrita *śramana,* que significa «debilitado, exhausto» y que en la India se usó para designar a monjes ascetas. Luego se expandió por la estepa asiática (zonas de Siberia, China y Mongolia) y acabó designando a un tipo de curandero o sanador. Otra explicación analiza el hecho de que esta palabra sea tungusa (de la Siberia oriental y de Manchuria) y que contiene la raíz sha-, que significa «saber». El «shamán» sería entonces «el o la que sabe».

En algunos contextos se asemeja al de hechicero, ya que reúne las dos funciones esenciales de esta figura: el dominio del saber mágico y la capacidad de curar a las personas o de intervenir para restaurar el equilibrio en situaciones problemáticas.

Esto nos habla de una figura con un papel determinante en la esfera espiritual y religiosa de muchas culturas. Se le reconocía la habilidad de conectar con los mundos invisibles, acceder a otros planos de realidad y traer desde allí respuestas, mensajes o sanación para su comunidad.

Tradicionalmente, se ha hablado del chamán en masculino, pero lo cierto es que las mujeres también formaban parte de este colectivo. Ellas eran chamanas. Mujeres con la misma capacidad de conexión con lo sutil, con el mismo poder de curación y sabiduría ancestral.

Uno de los ejemplos más característicos del papel espiritual de la mujer lo encontramos en la civilización minoica, desarrollada en Creta entre los años 2800 y 1400 a. C., donde su presencia en los rituales y prácticas religiosas era central. También en Asia abundan los testimonios de mujeres chamanas. Los antiguos textos chinos conocidos como *Las nueve canciones* (220-240 a. C.) consisten en cantos rituales de mujeres dirigidos a los espíritus celestiales. En Japón, durante el período de los Tres Reinos (57 a. C.-668 d. C.), destaca la figura de la reina Himiko, también llamada Reina Chamán, quien desempeñó un papel crucial en la resolución de conflictos y en la restauración de la paz en su reino.

Incluso en la tradición oral de Siberia encontramos un reconocimiento explícito: un proverbio del pueblo chukchee dice: «La mujer es por naturaleza un chamán».

La chamana representa una conexión directa con la naturaleza. Está profundamente vinculada a su intuición, lo que le permite trascender el mundo físico y establecer contacto con el plano espiritual para traer desde allí sabiduría, guía y sanación. Es la manifestación del espíritu femenino en su forma más pura. Vive en comunión con la tierra y sabe usar sus dones para el bien común, sin dañar a la Madre Naturaleza.

Pero en una sociedad materialista y consumista, esa conexión se rompe. Se destruye la naturaleza, y con ella, se intenta borrar a su guardiana: la mujer chamán. Por eso es tan urgente recuperar su símbolo, su voz, su esencia. Y también reconocer que muchas de nosotras, en esta fase de nuestro ciclo vital, estamos llamadas a encarnar esa sabiduría olvidada.

La chamana se asocia a la mujer medicina que es sabia, visionaria, vidente, intuitiva, sanadora y que está conectada con su sexualidad. Ella es la que sana a los otros porque primero ha sanado ella. Y de todos los aspectos que podía sanar, uno muy importante es el de haber reconocido y honrado sus ritmos a través de su ciclo.

Ella representa el proceso alquímico de haber sido distintas mujeres y ahora convertirse en una nueva mujer surgida de las vivencias de todas las demás, de las 4 mujeres que ha ido experimentando en cada uno de sus ciclos.

La chamana anda la senda en espiral que la conecta con el origen de sus ciclos y con la sabiduría profunda de su ser. La verdad está en el interior, la sabiduría no puede enseñarse. Se pueden compartir reflexiones, conocimientos, pero no se puede compartir el despertar ni la toma de consciencia. Éste es un camino intransferible, tú eres tu maestra y esto es lo que encarna la chamana, la sabiduría interior de cada una de nosotras.

Ella es aquello que podemos llegar a ser, ella es la personificación de nuestro potencial a explorar. Ella es el arquetipo de la mujer salvaje, aquella mujer conectada con su cuerpo, con su intuición, con su poder y que no le teme a ser quien realmente es. Es Tú, es Yo, es cada una de las mujeres de este mundo que han decidido ser ellas mismas y que ya no dan su poder a nadie, conservan el suyo y lo usan en beneficio propio y, de este modo, en beneficio del mundo.

La intuición, ¿qué es para ti?

¿Cómo vas de intuición? ¿Eres consciente de usarla o de haberla usado en algún momento de tu vida? ¿Cuándo y cómo fue?

Accede a tu intuición

La intuición se ha asociado de una manera más clara con las mujeres y parece ser que la explicación sería, según un estudio realizado por parte de la Universidad de Princeton y publicado en 2013 por PNAS (Proceedings of the National Academy of Sciences of the United States of America), que dado que el hemisferio derecho controla la intuición y el izquierdo la actividad racional, una mayor actividad entre ambos facilita el pensamiento analítico y el intuitivo, que es lo que ocurre en la mujer.

Aunque existe una base científica que respalda el funcionamiento de la intuición como un proceso de conexiones cerebrales rápidas, yo creo que no podemos reducirla sólo a eso. La intuición va mucho más allá. Es una forma profunda de sabiduría a la que todas tenemos acceso. Se trata, ante todo, de aprender a confiar en ella y a reconectarnos con su voz.

El primer paso para desarrollar la intuición es escuchar y honrar nuestros sentimientos. Porque son ellos los que nos enseñan a confiar en lo que realmente creemos y sentimos. El cerebro puede ayudarnos a integrar información y a conectar ambos hemisferios, sí, pero sin una escucha interna, sin atención a nuestro sentir, no hay verdadero acceso a la intuición.

¿Qué te dicen tus entrañas?

La intuición suele manifestarse como un presentimiento, esa certeza interna que aparece sin que sepamos explicar racionalmente por qué. Es un conocimiento que emerge sin intervención consciente de la razón, una verdad que simplemente se revela. Por eso, a lo largo de la historia se la ha vinculado con el llamado sexto sentido, o incluso con revelaciones divinas.

La intuición no se razona. Se siente. Se experimenta desde dentro.

Y para ello, el primer instrumento es nuestro cuerpo. Nuestros cuerpos son fuentes vivas de guía intuitiva. La intuición se manifiesta en forma de sensaciones físicas, reacciones, emociones sutiles. A veces aparece como una incomodidad repentina, como sudoración, palpitaciones o fatiga. Esas señales no son casuales: pueden estar comunicándonos algo importante.

Por eso, vamos a realizar una práctica corporal. Vamos a escuchar lo que el cuerpo tiene que decirnos, porque él sabe.

«El sensor de seguridad» es una práctica que realicé en un taller y me sirvió muchísimo para conectar con las sensaciones físicas de la intuición. Para realizar la práctica, te guiaré a través de diferentes situaciones y observarás las reacciones físicas de tu cuerpo. Ya que lo importante es ver la reacción física que te provoque lo que te vaya contando, lo ideal sería que otra persona te leyese el ejercicio a realizar porque si no, al leerlo tú, ya sabrías a lo que te enfrentas y la reacción ya no sería auténtica, sino programada.

Sentada de manera confortable y cómoda o estirada, como prefieras, voy a pedirte que cierres los ojos y que respires profundamente, cogiendo aire por la nariz y soltándolo por la boca, cogiendo aire por la nariz y soltándolo por la boca y con cada respiración te irás relajando y te irás sintiendo en calma y en armonía.

Las tensiones de tu cuerpo resbalan, resbalan por tu espalda, llegan a la Madre Tierra, que las transformará en energía renovada y tú te sentirás tranquila. Estás tranquila, a gusto y preparada para esta práctica.

Voy a comentarte tres situaciones. Comenzaremos por la primera.

Vas a verte en un lugar al aire libre en el que hay un montón de sillas colocadas, hay como unas 100 sillas aproximadamente. También hay un escenario. En él hay un púlpito con un micro y tú vas a tener que dar un discurso, un discurso delante de 100 personas. Y resulta que es un discurso que no has tenido tiempo de prepararte.

Quiero que estés atenta a las reacciones de tu cuerpo. ¿Qué es lo que tu cuerpo te dice? ¿Cómo reacciona en una situación como ésta? Unas 100 personas van a llegar y todas esperan ese discurso con entusiasmo y con alegría, un discurso que tiene que durar unos 10 minutos mínimo. No estás preparada, pero subes al escenario y te colocas delante del atril, delante del micro y ves a todas esas personas, a esas 100 personas sentadas delante de ti esperando a que las inspires, esperando ese discurso que no has tenido tiempo de prepararte.

¿Cómo te sientes tanto externamente como internamente? ¿Cuáles son las reacciones de tu cuerpo? ¿Qué te dice en un momento como éste?

Obsérvate durante unos minutos.

Ahora voy a liberarte de esta situación. Todo está bien, sabes que es un ejercicio y vamos a pasar ahora a la segunda de las situaciones. En esta segunda situación vamos a cambiar de escenario y te encuentras en un bosque. Te adentras en él. Estás paseando tranquilamente, sin ningún estrés y buscas un sitio específico del que te han hablado, un sitio bonito que se encuentra en el centro de este bosque. Vas adentrándote. Es un bosque frondoso e inmenso y, además, es bastante tarde. Está empezando a oscurecer. Vas caminando y llega un momento en el que te das cuenta de que no sabes dónde estás. Te das cuenta de que te has perdido. Te has perdido, y está anocheciendo y no sabes cómo salir de ahí. Observa qué te dice tu cuerpo, observa sus reacciones, obser-

va qué te está sucediendo. No has encontrado el sitio que buscabas, estás rodeada por árboles, no sabes cuál es el camino de salida, te has adentrado demasiado en el bosque y además, como te decía, está oscureciendo. Tampoco tienes el móvil contigo, este aparatito que en un momento así quizás podría salvarte, no está contigo. Por lo tanto, estás sola en el bosque, es casi de noche y no sabes qué hacer. Observa tus reacciones, observa tu cuerpo, observa tu mente.

Llegadas a este punto, te digo que finalmente encuentras la salida. Por tanto, puedes respirar tranquilamente y liberarte de las sensaciones preocupantes que te hayan podido generar. ¿Te han abrumado en estos últimos momentos? Mi intención no es que te sientas mal, pero necesitaba y necesito que vivas un momento así para ver cómo funciona tu sensor de seguridad. Te libero, por tanto, de esta segunda situación y vamos a pasar a la última.

La tercera situación. Entraremos en ella desde la calma, ¿de acuerdo? Desde estar calmada y tranquila. Y en esta tercera situación vas a verte vestida de gala. Te encuentras en un teatro. Estás sentada en el patio de butacas. Está repleto, hay muchísimas personas. Y en el escenario, hay un presentador, una persona que está presentando una gala y se van a dar unos premios y el presentador va a proceder a entregar el primer premio. Tiene un sobre en sus manos y lo abre despacio, saca una tarjeta y dice que el premio es para ti, dice tu nombre.

En ese momento, naturalmente debes levantarte, debes ir hacia el escenario, subir las escaleras y supongo que darás las gracias por este premio. La gente aplaude. La gente sonríe. La gente vitorea. Hay personas que se ponen incluso de pie. ¿Cómo te sientes? ¿Cómo reacciona tu cuerpo? ¿Cómo reacciona tu mente? ¿Cómo vives este instante de reconocimiento?

Y ésta ha sido la tercera situación. De ésta no te libero porque creo que las sensaciones han sido agradables. Espero y deseo.

Ahora lentamente vas a ir regresando al estado de conciencia y para ello comienzas a mover los pies, las piernas, las manos, los dedos de las manos, los brazos, los hombros, el cuello, la cabeza y finalmente, cuando estés preparada, abre los ojos.

Este sensor de seguridad que te conecta a tu cuerpo y con las situaciones que puedes llegar a vivir puede activar momentos de alarma para que estemos más atentas, estemos alerta y puede activar momentos agradables para que disfrutemos.

Una vez realizada la práctica, describe las sensaciones físicas que has tenido para cada una de las situaciones que te he descrito.

Durante unos días sería una buena práctica tener el sensor de seguridad presente y observar las reacciones físicas que experimentas en distintas situaciones con distintas personas.

Otra manera de acceder a nuestra intuición es el silencio. Escucharse en silencio puede ayudar a una percepción más rica de la realidad obteniendo información valiosa, generar motivos de cambio que te permiten crecer y tomar decisiones sabias.

Te propongo ahora una visualización muy interesante para ayudarte a tomar decisiones teniendo en cuenta la intuición. ¿No te ha pasado nunca que has tomado una decisión sólo basándote en lo que parecía más lógico y luego te has tirado de los pelos porque no «habías escuchado esa voz interior» que te decía otra cosa?

Vamos a hacer una práctica para integrar la intuición en nuestra toma de decisiones. Busca un momento para ti sin interrupciones, pon música relajante y lee el texto para, a continuación, hacer la práctica.

Sentada de manera confortable y cómoda o estirada (pero cuidado con no dormirte), cierra los ojos y respira profundamente. Continúa respirando de manera tranquila y profunda, soltando la tensión de tu cuerpo.

Imagina ahora como de tus pies nacen unas raíces, unas raíces que se adentran en la Madre Tierra. Sientes tus pies en la tierra, sientes su frescor, sientes tu arraigo a ella y te sientes a gusto y unida a la vida.

Ahora te centras en tu respiración. Coge aire por la nariz y suéltalo por la boca con un HAAAAAA. Con cada respiración te relajas todavía más y te sientes en calma y en armonía.

Ahora voy a pedirte que te centres en tu cuerpo. Lo percibes, lo sientes y sabes que está aquí. Ahora te centras en algún aspecto de tu vida que necesite una respuesta. Te pondré varios ejemplos para que te ayuden. Por ejemplo: no sé si aceptar ese trabajo o no; debo colaborar con esa persona o no; me apunto a esa nueva actividad o no; no sé si hacer ese viaje o no...

Busca una pregunta que necesite una respuesta de sí o no. Una vez elegida la pregunta, la dirás en voz alta dentro de tu cabeza y escoge la respuesta del sí e imagínate, por ejemplo, eligiendo ese trabajo o realizando ese viaje, es decir, vive la pregunta que hayas hecho desde la respuesta del sí. Así pues, te verás y te sentirás viviendo la situación que hayas preguntado como si lo hicieras desde el sí. Observa tu cuerpo: ¿está relajado, expansivo como con una sensación de apertura, o está en tensión y se contrae sobre sí mismo, como si se hiciese más pequeño?

Tan sólo obsérvalo durante unos instantes. Observa qué pasa con tu cuerpo si vives la respuesta a tu pregunta desde el sí. Tómate unos minutos.

Ahora vuelve a hacerte la pregunta, pero escoge la respuesta del no e imagínate, por ejemplo, no eligiendo ese trabajo o no realizando ese viaje, es decir, viviendo la situación desde el no. Una vez te observes viviendo desde el no, siente y escucha tu cuerpo: ¿está relajado, expansivo como con una sensación de apertura, o está en tensión y se contrae sobre sí mismo, como si se hiciese más pequeño?

Solamente obsérvalo durante unos instantes. Observa qué pasa con tu cuerpo si vives la respuesta a tu pregunta desde el no. Tómate unos minutos.

Una vez que hayas observado las reacciones de tu cuerpo, puedes utilizar la parte racional para acabar de tomar una decisión. Valora la parte intuitiva y las sensaciones que te ha aportado y siente si se corresponde con lo que piensas. Puedes observar la respuesta que más conecte contigo y siempre con la que te sientas bien en tu interior.

Ahora lentamente vas a ir regresando al estado de conciencia y lo harás empezando a mover los pies, también las piernas, moviendo los dedos de las manos, las manos, los brazos, los hombros, el cuello, la cabeza y cuando estés preparada, abre los ojos.

¿Cómo te has sentido?
¿Cómo has percibido tu cuerpo en la pregunta que has hecho?
¿Ha coincidido tu parte intuitiva con tu parte lógico-racional?

Un cuento sobre la intuición: Vasilisa la sabia

Me gustaría ahora compartir este cuento tradicional ruso por su enseñanza sobre la confianza en la intuición y todo lo que ello nos aporta.

«Vasilisa la Sabia» es un cuento popular tradicional ruso recogido por Alekandr Nikoalevich Afanasiev (Rusia,1826-1871).

Un comerciante tenía una hija de su primera esposa, conocida como Vasilisa. Cuando tenía ocho años, su madre murió. En su lecho de muerte, le dio a Vasilisa una pequeña muñeca de madera con ciertas instrucciones. Debía darle un poco de comer y de beber cuando ella, Vasilisa, tuviera alguna necesidad, y entonces la muñeca la ayudaría. Tan pronto como su madre murió, Vasilisa le dio un poco de beber y un poco de comer, y la muñeca la consoló.

Después de un tiempo, su padre se volvió a casar con una mujer con dos hijas. Su madrastra era muy cruel con ella, pero con la ayuda de la muñeca, Vasilisa era capaz de realizar todas las tareas que le imponía. A pesar de que algunos jóvenes intentaron cortejarla, la madrastra los rechazó a todos, ya que no era adecuado que la más joven se casara antes que sus hermanas mayores, pero ninguno de los pretendientes deseaba casarse con las hermanastras de Vasilisa.

Un día apagó todos los fuegos de la casa, excepto una sola vela, que la hija mayor terminó por apagar. Entonces ésta envió a Vasilisa a buscar luz a la choza de Baba Yaga. La muñeca le aconsejó que lo hiciera, así que se puso en camino. Mientras caminaba, un misterioso hombre cabalgó hasta ella (era antes del amanecer), iba vestido de blanco, montado en un caballo blanco con la montura completamente blanca, y mas tarde hizo lo mismo un jinete vestido de rojo. Llegó a una casa que estaba apoyada sobre patas de gallina y amurallada por una valla hecha de huesos humanos. Un jinete negro, al igual que antes hicieran el jinete rojo y el blanco, pasó por delante de ella, entonces cayó la noche y las órbitas de los cráneos colocados en la casa comenzaron a brillar. Vasilisa estaba demasiado asustada para huir, así que Baba Yaga la encontró cuando llegó volando en su mortero.

Baba Yaga le impuso tres tareas para ganarse el fuego que había ido a buscar, mientras que si no las cumplía, moriría. Como primera tarea, Vasilisa tuvo que limpiar la casa y el jardín, cocinar la cena, y separar los granos de maíz, así como las semillas de amapola de las de soja. Baba Yaga se fue, dejándola sola, y Vasilisa se desesperó al ver todo el trabajo que aún debía hacer a pesar de haberse dejado la piel en ello. En ese momento, la muñeca le susurró que ella terminaría el trabajo mientras que la niña dormía. Al amanecer, el jinete blanco pasó de nuevo, y más tarde, a mediodía, lo haría el jinete rojo. Cuando el jinete negro pasó por delante, Baba Yaga regresó y no pudo quejarse del trabajo realizado por Vasilisa porque estaba hecho. Volvió a ordenar a Vasilisa que realizara las mismas tareas para el día siguiente, con la adición de la limpieza de las semillas de amapola que se habían mezclado ahora con algo de suciedad. Una vez más, la muñeca hizo las tareas. Esa noche, Baba Yaga le preguntó a la niña si tenía algo que preguntarle.

Vasilisa entonces le preguntó sobre las identidades de los jinetes y la bruja le dijo que el blanco era el día, el rojo el Sol y el negro la noche. A cambio, Baba Yaga preguntó por la causa del éxito de Vasilisa. Al escuchar la respuesta «por la bendición de mi madre», Baba Yaga envió a Vasilisa a casa con un cráneo-linterna para dar luz a su familia.

Cuando Vasilisa llegó a casa de su madrastra, descubrió que, desde que la enviaran a casa de Baba Yaga, no habían sido capaces de encender ningún fuego en la casa. Incluso las lámparas y velas traídas de fuera se apagaban una vez que atravesaban el umbral. Cuando Vasilisa entró portando la calavera, la luz de ésta redujo a cenizas a su madrastra y a sus hermanastras.

Este cuento ruso nos habla de hacer caso a nuestra voz interior, que está simbolizada por la muñeca. Ella representa la intuición y la guía del espíritu femenino. El hecho de que su madre sea quien se la da me hace pensar en que este regalo de la intuición nos lo entrega nuestra madre y, aunque la intuición es algo intrínseco a nosotras, siempre necesitamos una guía para entender y utilizar los dones y talentos que poseemos. La madre de Vasilisa le transfiere el poder de la intuición en forma de muñeca, y ésta la guiará en sus aventuras en el bosque. La muñeca representa el fiero instinto y la energía de la fuerza de la vida que vive dentro de nosotras. Solamente hemos de recordar que está aquí, con nosotras y ésta es una de las enseñanzas que nos trae el arquetipo de la chamana o hechicera.

Vasilisa se enfrenta a sus miedos, personificados por la terrible bruja del bosque. Debe ir a encontrar el fuego, encargado por una de sus hermanastras, que es alguien que la desprecia. Se trata de un viaje que la llevará a descubrir su propia luz, su propio fuego al adentrarse en el bosque oscuro y traicionero en el que vive una bruja. Es como en el *Viaje del héroe* del que habla Joseph Campbell (1990), que usó esta expresión para definir el modelo básico de muchos relatos épicos de todo el mundo. Campbell sostiene que los héroes de numerosos mitos de tiempos y regiones dispares comparten estructuras y desarrollos fundamentales, hablan de un héroe que siente una llamada y que sale a la aventura (exterior) para encontrarse a sí mismo y saber quién es realmente; sólo que, en las mujeres, el viaje es hacia dentro para descubrirse desde el interior como vimos al inicio del libro. De hecho, creo que nuestro «viaje de la heroína» es también el que realizamos cada mes, entrando en nosotras durante las fases de la chamana o hechicera y de la anciana o bruja y resurgiendo al exterior con las de la doncella o virgen y de la madre o reina.

Es también un viaje a largo plazo, el viaje de la vida que nos lleva a momentos de introspección para conocernos mejor y liberarnos de los requisitos que nos ha impuesto la sociedad, la familia, etc., para encajar y ser válidas. Vasilisa va a las profundidades del bosque a encontrarse a sí misma, a enfrentar sus miedos o su parte oscura, a reconciliarse con ella, a aceptar como es y todo ello lo hace con la guía de su intuición, la muñeca guía del espíritu femenino.

En el bosque va a parar a la cabaña de la bruja Baba Yaga y ésta le impone una serie de tareas que son principalmente domésticas y consisten en separar unas cosas de otras. Todas las tareas domésticas son tareas de ordenación y nutrición, y pueden entenderse como tareas de limpieza interior para poder ponerse en orden ella misma y llegar a ser quien realmente es, pero las realiza la muñeca, es decir su intuición, su guía interior. Además, la muñeca realiza estas tareas mientras Vasilisa duerme, lo que nos habla del poder de los mensajes y enseñanzas que pueden llegar a nosotras desde el mundo de los sueños, sobre todo en esta fase de la hechicera, como veremos más adelante. Pero no sólo esto, sino que el hecho de que las tareas se realicen por parte de la muñeca y mientras duerme puede significar también que confiar en la vida hace que las cosas ocurran sin tener que estar controlándolo todo siempre. Suelta, deja ir, confía y observa qué sucede.

Baba Yaga

Baba Yaga es la salvaje diosa eslava del nacimiento y la muerte y representa a la mujer salvaje que habita en cada una de nosotras. Ella te invita a reconectar con lo natural, lo primordial y lo instintivo.

Vasilisa aprende a estar allí, con Baba Yaga, resiste y realiza sus tareas y no huye de lo que tanto miedo le da, que es, al fin y al cabo, su naturaleza salvaje. «Salvaje» nos habla aquí de una mujer que conoce su ritmo unido al de la naturaleza, que confía en su intuición y en su instinto y que está muy conectada consigo misma desde dentro. Es la liberación de una misma, de los convencionalismos y normas que constriñen. Cuando descubres a Baba Yaga ya no eres más «la niña buena» que se supone que debes ser. Con Baba Yaga has descubierto tu poder personal, que no vas a entregar a nadie más que a ti. Ella te permite integrar todas las partes que te componen para llegar a la totalidad de tu ser.

El arquetipo de la mujer salvaje, según lo describe Clarissa Pinkola Estés, es aquella parte de una mujer que se encuentra en su estado natural (salvaje), es la parte de sí misma que está conectada a la intuición, es esa parte que está conectada con la llamada de su alma, «la que sabe», es la que ama y conserva su libertad y cultiva su creatividad (en todos los sentidos).

Ella es la que nos llama desde la fase de la chamana, así que vamos a hacerle caso y a descubrirla por nuestra propia libertad.

Rituales para cultivar la intuición

Para conectar con la intuición necesitamos calmar la mente y relajar el cuerpo, así que te propongo algunas ideas para ello.

Conecta con el silencio

Tener la posibilidad de disfrutar de 10 minutos en silencio por la mañana y 10 por la tarde/anochecer es una manera perfecta de conectar con tu intuición. Puedes realizarte alguna pregunta que necesite respuesta, escuchando en el silencio lo que emana de tu interior.

El baño mágico

Llena la bañera con agua a la temperatura que más te guste. Si no tienes bañera, una ducha será también perfecta. Y acompaña este momento con:

- Música suave que te guste, te calme y te relaje.
- Poca luz artificial o con una o varias velas.

Disfruta del ambiente de conexión, céntrate en ti y en los mensajes que tu voz interior tenga para ti en estos momentos.

La cajita de les plegarias (the prayer box)

Se trata de una cajita de madera o de metal que decorarás manualmente y que utilizarás para guardar en ella deseos, plegarias, requerimientos especiales que necesiten de la ayuda y guía divina. Se trata de leerlos cada día en algún momento y hacerlo desde la convicción interior de que se cumplirán.

Interpreta tus sueños

Adquiere la costumbre de registrarlos cada mañana en una libreta porque los sueños nos hablan a través de símbolos. Puedes también acostumbrarte a pedirle guía a tu inconsciente justo antes de dormir para recordarlos al despertarte.

Hablaremos de los sueños más adelante, pues les dedico un apartado especial.

El cristal que es para ti

Los cristales son una fuente de conexión con lo que te sucede y sentirlos y ver cómo pueden guiarte es otra manera de acceder a tu intuición. Lo ideal es poder cogerlos, sentirlos y escucharlos.

En un curso dedicado a la conciencia de los cristales que realicé con Sue Weaver de la Cornwall School of Crystal Healing, pude experimentar en mis carnes lo que significa tomar un cristal y sentir cómo puede ayudarme o qué mensajes tiene para mí.

Te recomiendo que comiences por el cuarzo blanco o cristal de roca, la amatista, el cuarzo rosa, el citrino, el cuarzo ahumado y el hematites. Éstos fueron los cristales con los que yo trabajé y fue muy interesante ver lo que cada uno podía aportar a mi vida.

Mensajes para ti: las cartas del oráculo

Las cartas son una herramienta para acceder al conocimiento interior, un trampolín a la propia intuición. Se puede preguntar algo antes de escoger una carta para que sea una respuesta a tu pregunta o simplemente puedes pedir cuál es el mensaje que necesitas recibir en ese momento de tu vida.

Prueba la stichomancia

Esta técnica se basa en formular una pregunta y abrir un libro al azar. La primera frase que leas puede ser la respuesta a esa pregunta. Analízala con la mente abierta y relaciona el mensaje con tu situación y con el momento.

La parte física

Esta 4.ª fase del ciclo se corresponde con la fase premenstrual. Es la llamada fase lútea y sigue a la ovulación. Dura alrededor de 14 días y termina justo antes de que aparezca el sangrado. La fase lútea ocupa, por tanto, una parte de la fase de la madre y toda la fase de la chamana.

Aquí el folículo roto se cierra después de liberar el óvulo y forma una estructura denominada cuerpo lúteo, que secreta progresivamente una cantidad mayor de progesterona. La progesterona producida por el cuerpo lúteo prepara al útero por si se implanta un embrión. Hace que el endometrio se vuelva más grueso y acumule nutrientes para poder alimentar a un posible embrión, provoca que la mucosidad en el cuello del útero sea más espesa, lo que dificulta la entrada de espermatozoides y provoca también un ligero aumento de la temperatura corporal hasta que aparezca la menstruación.

Durante la mayor parte de esta fase, el nivel de estrógenos es alto. Esto provoca el engrosamiento del endometrio y este alto nivel de estrógenos, junto a los altos niveles de progesterona, hace que ciertos conductos de las mamas se dilaten y puede ser que los pechos aumenten de tamaño y también que se vuelvan sensibles al tacto.

Si el óvulo no se fertiliza, o si éste, una vez fecundado, no se implanta, el cuerpo lúteo degenera tras 14 días, disminuyen los niveles de estrógenos y de progesterona, y aparece la menstruación, dando paso a un nuevo ciclo.

La parte emocional y espiritual

Esta 4.ª fase del ciclo se relaciona con la Luna menguante, con el otoño y con desprenderse de lo que ya no sirve. La combinación de todo ello define nuestros días en esta fase.

Acostumbra a manifestarse una semana antes de la menstruación y es la llamada fase premenstrual, tan estigmatizada a lo largo de los tiempos.

Este momento de nuestro ciclo es un momento especial; bien, todos los momentos del ciclo son especiales porque cada uno nos aporta algo diferente, pero este momento lo es incluso más porque es el que nos conecta con nuestra verdad más profunda y con una parte de nosotras que no ha sido ni aceptada ni bien vista por la sociedad.

En capítulos anteriores hemos visto que las fases de la doncella o virgen y de la madre o reina son las que se premian y que las fases de la anciana o bruja y de la chamana o hechicera son las que se rechazan.

Las mujeres hemos sido concebidas desde hace mucho tiempo como «algo que se poseía». Así como el grano, los animales y las herramientas, éramos un bien más. De esta manera, ¿cómo iba algo que «se poseía» poder expresarse libremente? Quizás suene un poco extremo, pero el hecho de haber sido «propiedad» durante miles de años ha calado hondo en nosotras, en nuestra memoria colectiva e incluso en nuestros genes; de manera que hemos cumplido los requisitos del sistema desde tiempos inmemoriales. Y esos requisitos no contemplaban los aspectos de la anciana o bruja y de la chamana o hechicera, aspectos que también forman parte de nuestra naturaleza.

Vivimos en un mundo que siempre te pide estar al 100 % o más, que te pide hacer, que te pide producir, que te pide estar alegre, que te pide cuidar a los demás, que te pide tener una imagen determinada, que te pide tener una serie de «cosas» para encajar en sus estándares, etc. Y si por todas partes se te exigen unas determinadas cosas y esto es lo que has visto y oído a lo largo de tu vida, parece lógico que pretendas vivir de esta manera porque es la que se te ha presentado como válida y única.

Una mujer que muestra su temperamento, que muestra sus emociones de un modo evidente, que expresa claramente lo que quiere, que vive su sexualidad libremente, que muestra su parte oscura y menos amable, es considerada de muchas maneras poco agradables. El otro día escuchaba una canción en la radio y su título era *Mujer fatal* y pensé: «Nunca he oído la expresión *hombre fatal* y tampoco la expresión *eres un histérico* referida a un hombre».

Estos calificativos, que pueden ampliarse a muchos otros más, atacan esa parte de nosotras que no se nos deja mostrar, esa parte de nosotras que es nuestra chamana o hechicera. Definiéndola de un modo peyorativo se consigue que la rechacemos y que ni siquiera nos atrevamos a acercarnos a lo que realmente significa para nosotras.

«Mujer fatal» ha sido una denominación que se ha usado para hablar de una mujer que usa la sexualidad para atrapar a un hombre. Con los movimientos de emancipación femenina, la mujer comenzó a verse como una amenaza. No solamente empezaba a conquistar voz y voto en muchos ámbitos sociales, sino que también se revelaba como portadora de una nueva actitud. Lo increíble es que el nombre era «fatal».

¿Y la «mujer histérica»? La histeria femenina era diagnosticada como una enfermedad en Occidente hasta mediados del siglo XIX. Para el diagnóstico se tenían en cuenta síntomas que incluían desfallecimientos, insomnio, retención de fluidos, pesadez abdominal, espasmos musculares, respiración entrecortada, irritabilidad, fuertes dolores de cabeza, pérdida de apetito y «tendencia a causar problemas».

De hecho, parece que era, al fin y al cabo, una patología que se desarrolló al no poder, las mujeres, expresarse a sí misma, y ser quienes realmente eran. Y lo curioso es que todavía se usa la expresión «eres una histérica» cuando una mujer expresa cómo se siente de un modo muy evidente y quizás muy emocional.

Pero todo ello (lo que las mujeres sentían) no merecería ningún calificativo si se nos hubiese permitido sentir lo que sentimos y expresarlo sin añadir a la ecuación la palabra «contención». Si contienes lo que sientes, si no puedes expresarlo, pero tu naturaleza te pide hacerlo, encontrará el camino para salir a la superficie y entonces puede ser que quien lo vea se sienta abrumado o incluso amenazado y aparezcan entonces un sinfín de palabras de connotación negativa para referirse a ello.

La chamana o hechicera es liberación de todo lo establecido y seguir su camino es reencontrar tu verdadero «yo». Por esta razón en esta fase te sentirás de un modo o de otro, según haya ido tu ciclo hasta ese momento.

Si te has escuchado durante la anciana o bruja, si has vivido tu doncella o virgen desde la inocencia de una chica, desde las ganas de hacer nuevas cosas y has plantado una semilla que querías ver florecer y, en la fase de la madre, has podido ver tus logros o manifestaciones, la fase de la hechicera te llevará a hacer un balance de todo ello, a ver cómo has vivido las otras 3 fases, lo que has conseguido y cómo y, en ese momento, podrás valorar qué quieres dejar atrás en tu vida y qué quieres seguir cultivando y haciéndolo desde la calma de saber escucharte, desde la tranquilidad de hacer una revisión sana de tu vida para, con la menstruación, poder comenzar un nuevo ciclo, renovada y liberada de ataduras innecesarias.

Si has ignorado las llamadas de tu cuerpo, si no has pensado en ti y en lo que querías, si no se ha manifestado lo que pensabas, es posible que el momento de la chamana o hechicera esté lleno de frustración o mal humor. Y desde ahí, claro, será difícil detenerte y sentir con claridad qué quieres mantener y qué necesitas soltar. Porque estarás enfadada. Y desde el enfado, no hay fluir.

Muchas veces, la frustración o el enfado aparecen porque no estamos escuchando lo que es evidente. Desde nuestro interior emergen temas que se vuelven urgentes, importantes, inevitables. Pero si no queremos mirarlos de frente por miedo, por dolor, por costumbre, nuestros sentimientos pueden volverse densos y difíciles de gestionar.

Esto que llamamos la fase de la chamana coincide, a nivel fisiológico, con la fase premenstrual. Y es aquí donde quiero abrir otra puerta de comprensión.

El síndrome premenstrual (SPM) se manifiesta tanto en el cuerpo como en las emociones. Se calcula que entre el 20 y el 50 % de las mujeres en edad fértil lo experimentan, y que alrededor de un 5 % lo vive de forma severa, bajo el diagnóstico de trastorno disfórico premenstrual.

Según Sara Jiménez y Begoña Graván (2022), el SPM es un trastorno cíclico de la fase lútea caracterizado por irritabilidad, ansiedad, labilidad emocional, depresión, hinchazón, dolor mamario o cefaleas, y aparece entre 7 y 10 días antes de la menstruación. JoAnn V. Pinkerton (MD) añade que su diagnóstico es clínico y que el tratamiento es principalmente sintomático, con propuestas que van desde la dieta hasta el acompañamiento psicológico.

Se dice que su causa es desconocida, pero se mencionan múltiples factores implicados: hormonales, genéticos, neuroquímicos, metabólicos… Y aunque esta información puede ser útil, hay algo que siempre me llamó la atención: nunca, en mis consultas, nadie me habló de cómo influía mi vivencia del ciclo menstrual en todo esto.

Lo descubrí cuando empecé a adentrarme en el mundo de lo femenino, cuando conocí a maestras que me abrieron los ojos a una mirada más amplia. Porque sí: cada mujer que sufre SPM merece comprenderlo desde todas sus dimensiones, tanto físicas como emocionales y espirituales. No se trata de elegir una perspectiva y descartar la otra, sino de unirlas para encontrar respuestas más profundas y soluciones más integradas.

Yo también he padecido SPM. A veces todavía lo experimento. Pero he visto cómo su intensidad cambia según cómo he vivido mi ciclo.

Cuando lo transito con conciencia, escuchándome y habitando cada fase con presencia, el SPM muchas veces ni aparece. Es como si, cuando me desconecto, mi cuerpo me lo recordara a través del malestar. Como si me dijera: «Eh, vuelve a ti, vuelve a cuidarte».

Fíjate en esto: de las cuatro fases que vivimos, las menos reconocidas por la sociedad, la menstruación y la fase premenstrual, son, sin embargo, las más visibles. La sangre se ve. El mal humor «se nota». Y, sin embargo, son justo las que más se han querido silenciar o neutralizar: con pastillas para el dolor que permiten seguir produciendo como si nada, o con etiquetas peyorativas que nos ridiculizan cuando lo único que necesitamos es espacio y comprensión.

Por eso, ahora te invito a reflexionar:

- ¿Cómo vives, o vivías, tú esta fase premenstrual?
- ¿Te resuena algo de lo que has leído?
- ¿Hay algo que tu cuerpo esté intentando decirte y no estás escuchando?

Los sueños y sus enseñanzas

La fase de la chamana es una fase de conexión, es la fase que te permite conectar con tu mujer medicina y, por lo tanto, te da acceso al conocimiento de la Madre Tierra y a tu propia sabiduría interior. Los sueños son grandes reveladores de sabiduría y también de conexión con el mundo invisible que nos rodea, el mundo espiritual.

Hace mucho tiempo, en un lugar muy lejano, en la isla de Malta, existió una poderosa diosa que poseía la habilidad de curar a los demás a través de los sueños. Los que conocían su poder sanador peregrinaban desde todos los lugares para recibir sus bendiciones y ofrecerle ofrendas en sus templos. Estos templos eran subterráneos y estaban organizados en diferentes cuevas excavadas en la tierra y pintadas de rojo.

Las cuevas representaban las formas del cuerpo femenino y la cámara central y más grande representaba su matriz. La gente peregrinaba hasta las cuevas y después dormía allí pidiendo un sueño curativo.

En 1902 se descubrió el llamado hipogeo de Hal Saflieni cuando se estaban construyendo unas cisternas en el suroeste de Malta. Un hipogeo es el nombre dado a galerías subterráneas o a pasajes excavados con funciones funerarias. Y éste parece que fue excavado entre el 4000 y 3000 a. C. y fue construido como santuario, aunque acabó siendo una necrópolis.

Allí se encontró la Dama Durmiente, una estatuilla de arcilla que podría representar esta diosa del sueño.

Te comparto ahora una leyenda de la diosa de los sueños que cuentan Janet Lucy y Terri Allison (traducción propia).

Ariadna era una chica que desde siempre había oído hablar de estas cuevas y un día llegó el momento de ir allí. Estaba muy preocupada por la enemistad que existía entre su marido y sus hermanos y necesitaba el consejo de la diosa.

Llegó a las cuevas y primero de todo, antes de entrar, se bañó en un riachuelo cercano para purificarse, entró entonces en las cuevas, llegó a la cámara central, rezó una oración a la diosa y se durmió. Aquella noche su cabeza estuvo llena de imágenes de abundancia: campos de trigo que crecía alto y fuerte y ovejas que pastaban por los verdes campos. Por la mañana, con la primera luz del día, la diosa vino a ella y le habló de la fortuna que esperaba a su familia si se honraban mutuamente y trabajaban juntos. También le dijo que si los hermanos creían los unos en los otros siempre habría suficiente para la familia. Ariadna dio las gracias a la diosa, le dejó una ofrenda y volvió a su casa.

Le explicó a su marido y a sus hermanos el consejo de la diosa. Aquella noche, después de que los hermanos orasen juntos a la diosa, llovió y los campos empezaron a dar fruto. Y aunque Ariadna no volvió a las cuevas de la diosa, ésta seguía visitándola en sus sueños, ofreciéndole consejo cuando lo necesitaba.

El hecho de soñar y escuchar los sueños es una práctica ancestral que han llevado a término muchas culturas de todo el mundo: los antiguos egipcios y los griegos, los tibetanos, los indios americanos y los indios de la India.

El propósito era conectar la parte consciente con el inconsciente y acceder a la sabiduría universal.

¿Tú sueñas? ¿Recuerdas tus sueños? Según algunos estudios sobre los sueños, cada persona tiene unos 4 o 5 sueños cada noche. El último tiene lugar durante las primeras horas de la mañana y acostumbra a ser el más largo y el más fácil de recordar. Así que cuando abras los ojos, en aquel momento en el que aún no estás despierta del todo, apunta tu sueño o tus sueños. Aunque no te acuerdes de todo, aunque sólo sean fragmentos, puedes escribir palabras clave o hacer un dibujo incluso, si eres muy visual.

Si existe la intención de recordar los sueños, puedes tener el poder de recordar sueños beneficiosos y puedes ser guiada por su sabiduría. Para ello puedes ayudarte de un pequeño objeto que simbolice algo sobre lo que quieres soñar y que te guíe por esa área de tu vida sobre la que quieres obtener un mensaje claro o un consejo, como la diosa del sueño hizo con Ariadna.

Muchas veces habrás oído «debo consultarlo con la almohada» cuando hay algo que nos preocupa o hemos de tomar alguna decisión. Esto también hace alusión al hecho de conectar con la sabiduría universal a través de los sueños.

Además, en la fase en la que nos encontramos, la fase de la chamana o hechicera, los sueños acostumbran a ser más vívidos con mensajes que tu cuerpo y tu conciencia te envían sobre en qué aspectos de tu vida debes fijarte ahora, porque, es momento de revisar, de ver qué áreas de nuestra vida deben cambiar y en qué. También el momento de la menstruación era momento de recibir visiones más profundas y las mujeres se convertían en oráculos de forma natural. De hecho, en la Antigüedad existía la figura del «soñador», persona de la tribu o comunidad que a través de los sueños podía conectar con el mundo espiritual y obtenía mensajes para todo el poblado. Los estudios de la autora Patricia Cox Miller (2020) dicen precisamente esto, que el sueño no puede ser reducido a la mera individualidad, desconectado de lo colectivo y de lo cultural; sino que estaría relacionado con lo colectivo, con la comunidad o tribu.

Así pues, el sueño es interpretado como una manera de conectar con la divinidad y que se produce cuando estamos descansando, es decir, en las fases de introspección cíclica. De hecho, en las tiendas rojas las mujeres también soñaban y recibían visiones y la gente del poblado acudía a ellas en busca de respuestas.

Para cultivar esta faceta tan mágica y tan conectada con esta fase (aunque también con la de la anciana o bruja) te propongo unas actividades.

Las bolsitas de sueños

Puedes elegir una bolsa bonita que ya tengas, mejor de tela, o confeccionar la tuya propia. Puedes colocar en su interior unas ramitas de lavanda para la inspiración y de artemisa para la protección y para promocionar sueños vívidos. Puedes añadir menta para la fragancia o romero. Una vez confeccionada, la colocas debajo de tu almohada para que te asista en tus próximos sueños durante esta fase del ciclo.

La carta de los sueños

Se trata de escribir una carta a tu «soñadora nocturna» con una petición especial y de colocarla debajo de la almohada. Aquí te muestro un ejemplo:

> **Estimada Soñadora nocturna,**
>
> **Gracias por la sabiduría que me ofreces a través de los sueños, aunque quizás no me dé cuenta.**
>
> **Te pido que esta noche me traigas un sueño de poder/de fuerza/de claridad... sobre ____________________ para saber qué camino he de seguir.**
>
> **Pido tu guía esta noche para poder celebrar un nuevo día por la mañana.**
>
> **Con amor y gratitud,**
> **(Tu nombre)**

Revisión del ciclo, revisión de vida

La fase de la chamana o hechicera es muy poderosa, porque es la que te muestra el poder que te dará entrar en la etapa de la menopausia, de la que hablaremos en el apartado dedicado al rito de paso.

Éste es un momento en el que las lecciones y aprendizajes del ciclo pueden percibirse sintiéndote contenta de «dónde estás» en tu vida, o bien sintiéndote harta; sintiéndote preparada para soltar y entregarte a lo que la vida te pide, o bien sintiéndote frustrada o molesta. Todo ello corresponderá a la revisión del ciclo que tu cuerpo, tu mente y tu corazón realizan de manera inconsciente y que pueden sorprenderte y abrumarte.

Aquello que ya no funcione se mostrará y de ti dependerá que siga acompañándote, creando lastre en tu vida, o que te liberes y que se elimine junto con la sangre menstrual y sea reemplazado por su faceta evolucionada en el próximo ciclo. La energía contemplativa y reflexiva de esta fase facilita la gran oportunidad de poda de tu otoño interior.

Si despiertas la conciencia de lo que vives en esta fase, será mucho más fácil ver lo que se te pide y no te sorprenderá. La conexión con este momento poderoso de revisión podrá ser vivido desde su vertiente positiva, como oportunidad perfecta para «hacer limpieza». Si estás abierta a ver aquello que debe ser visto, no te asustará ni te angustiará. Si te abres a lo que la vida trae y ofrece, y si confías, sabrás en tu interior que todo es para bien.

Con nuestras vidas ajetreadas nunca tenemos tiempo para mirar adentro, pero la sabiduría de la vida, de la naturaleza y de nuestro cuerpo nos conduce adonde debemos ir y la fase de la chamana o hechicera es un regalo para escucharnos sin miedo, porque no hay miedo si confías.

Mientras realizas el registro de tu ciclo en el diagrama lunar, podrás ir observando mes tras mes cómo son tus días de la chamana o hechicera, qué sientes que quieres soltar, qué sientes que debes revisar y cómo lo vives. Obsérvate durante varios ciclos y mira tu propia evolución.

Revisar el ciclo se convierte también en revisar la vida y lo fantástico y maravilloso es que tienes la oportunidad de hacerlo cada mes, con lo que puedes ir podando ese árbol frondoso y majestuoso que representa tu vida para que puedan ir brotando nuevas hojas y crezcan nuevas ramas.

Para que la revisión del ciclo sea más práctica, puedes seguir las siguientes preguntas, que te guiarán por las 3 fases anteriores:

¿Cómo viví la 1.ª fase, la de la anciana o bruja?

¿Pude descansar?

¿Pude estar aunque sólo fuera unos minutos conmigo misma, escuchando mis necesidades?

¿Hice caso a estas necesidades?

¿Dosifiqué las tareas a realizar o pedí que alguien las hiciese por mí?

¿Pude disfrutar del silencio y de mi compañía?

¿Expresé mis necesidades a los otros?

¿Pude «plantar la semilla» de cómo quería que fuese el nuevo ciclo?

¿Cómo viví la 2.ª fase, la de la doncella o virgen?

¿Sentí la energía renovada en mí?

¿Tenía ganas de hacer cosas?

¿Me sentí segura de mí misma?

¿Cultivé mi creatividad? ¿Cómo?

¿Hice cosas para divertirme? ¿Cuáles?

¿Empecé algún proyecto o empecé a darle forma a alguna nueva idea?

¿Cómo viví la 3.ª fase, la de la madre o reina?

¿Quedé con amigos para salir?

¿Avancé en alguno de mis proyectos o ideas (si es que había empezado alguno)?

¿Cuidé de los míos (que ya sé que no dejas de hacerlo, pero me refiero a cuidar de ellos de un modo muy consciente de que les dedicabas tiempo y tú lo disfrutabas)?

¿Me sentí más predispuesta a escuchar a los demás?

¿Me cuidé?

¿Tenía un objetivo a cumplir? ¿Lo cumplí?

¿Se materializó la semilla de la anciana?

Si soy madre, ¿he vivido mi rol desde aceptarme como soy y sin juzgarme?
¿Fui creativa?

El rito de paso del climaterio y la menopausia

El climaterio y la menopausia caracterizan el rito de paso de esta fase.

El climaterio es el período de cambios que comenzamos a experimentar cuando se acerca el fin de nuestro ciclo fértil y la menopausia es el momento de inflexión, cuando la menstruación desaparece. Una colega y amiga hacía un paralelismo que me encanta; decía que el climaterio es como la adolescencia y la menopausia como la menarquia. Es decir, que el climaterio abarca todo un período de tiempo, desde que empiezan a aparecer una serie de cambios físicos, psicológicos, emocionales... hasta que éstos cesan y se entra en la etapa de la vejez, caracterizada por el arquetipo de la anciana o bruja. Y así como la menarquia es la llegada de la primera menstruación, la menopausia es el cese de ésta, el hecho de dejar de sangrar cada mes, con lo que es un momento concreto.

En el capítulo dedicado al tercer don te explicaba que los ritos de paso marcan momentos importantes de transición en la vida. Estos eran celebrados en las antiguas comunidades y con el paso del tiempo y la «modernización» de la vida, muchos de ellos han dejado de tenerse en cuenta. El climaterio y la menopausia son unos de estos momentos de cambio, pero que lejos de ser celebrados, son temidos e incluso estigmatizados. Así que hay que recuperar su verdadero sentido.

El climaterio es como un viaje de graduación, un viaje que te lleva de tus años cíclicos a tus años sabios de manera gradual. Si durante tus años de sangrado has sido consciente de las fases por las que has ido pasando, será mucho más fácil aceptar los síntomas que pueda haber durante el climaterio.

Cada mes has tenido la oportunidad de liberarte de lo obsoleto en tu vida, de dejarlo fluir con tu sangre menstrual y prepararte para un nuevo ciclo. Ahora es momento de usar esa sabiduría poniendo foco en tu interior. Éste es un viaje interno, como el descenso que vivimos cuando pasamos de la fase «exteriorizada» de la madre o reina y vamos hacia la chamana o hechicera.

Quiero compartirte aquí unas palabras de Susun Weed, herbolaria y mujer sabia, sobre este cambio que es el climaterio y la menopausia.

> «Abre tus manos; suelta tus expectativas. Toma mi mano. Permíteme despertar las memorias de las antiguas mujeres sabias, las gozosas, las tranquilas, fuertes e invisibles, cuyos senderos podrás encontrar y caminar, cuyas canciones podrás escuchar y cantar. Viaja conmigo hacia el Cambio, canta conmigo las melodías olvidadas, transita este sendero antiguo, ven, ven... Dulce Hija, la mujer sabia LOGRA la plenitud, no le sucede... A través del umbral de la plenitud, la mujer sabia se adentra a su gloria final: su coronación como Mujer Sabia. Hija, Hermana, escucha bien: el tiempo y el lugar en el cual habitas busca negarte tu máxima coronación. En su lugar, intentan seducirte con los disfraces de la doncella, o los aparejos de las madres, diciéndote que entrar a tu madurez profunda, hacia tu mujer sabia, no vale la pena, no es deseable, debes mantenerte joven. El sistema intenta infundirte miedo para alejarte de este cambio tan poderoso, para convencerte que es un estado de carencia, pérdida: de todo. Camina conmigo y aprende la verdadera naturaleza de tu metamorfosis a la mujer sabia y completa».

Sabias palabras que me llegan hondo y que nos hablan de la necesidad que nos han inculcado de mantenernos jóvenes, de no llegar nunca a poder vivir esta transformación porque es de carencia, porque lo perderemos todo. ¿Cómo puede ser que algo que nos trae la Madre Naturaleza y la vida misma pueda ser carente o de pérdida? La vida está mal entendida, sobre todo en la cultura occidental, que ha perdido su conexión con lo importante y esencial de la vida. No se honra nada de lo que nos rodea (naturaleza, vida), no se honra nuestro cuerpo, no se honran nuestros cambios. No hay vínculo con la esencia de la vida. Y éste es el mensaje que recibimos día tras día, año tras año.

Brooke Medicine Eagle (1991), mujer sabia y activista, dice que la mujer menopáusica encarna la totalidad del ciclo menstrual. Contiene en su interior el conocimiento y el potencial de todas las fases del ciclo y de los arquetipos femeninos: la doncella, la madre, la hechicera y la bruja. Y como dice asimismo la doctora Christiane Northrup «recuerda que los cambios emocionales y psíquicos de la perimenopausia son a todo el ciclo vital lo que la fase premenstrual es al ciclo mensual».

Todas estas mujeres sabias, y muchas otras, vienen a transmitirnos con sus palabras, su conocimiento y su experiencia, que esta transformación –tan temida en nuestra sociedad occidental por todos los mensajes negativos que la rodean– no debe asustarnos, sino ser abrazada con conciencia y respeto.

Todo lo que estamos viendo aquí sobre la fase de la chamana o hechicera es lo que viviremos en nuestro climaterio y menopausia: una fase de ir hacia dentro, de conectar con nuestra sombra, de abrazarla, de ser capaces de ver qué queremos y qué ya no queremos, con unas fluctuaciones emocionales que estarán a la orden del día y otros síntomas que nos acompañarán en este camino.

Me gusta pensar que es la fase del despertar porque las hormonas sexuales dejan de estar ahí y quizás podemos ser más nosotras porque su efecto no está presente.

Fíjate que la progesterona, dice Xevi Verdaguer, «es aparte de una hormona, un neurotransmisor que tiene efectos calmantes y relajantes, reduce la angustia, la impaciencia, regula la tolerancia al estrés y, como consecuencia, condiciona la salud emocional, la conducta y la forma de enfrentar la vida. La progesterona es nuestro ansiolítico natural, nuestro valium». Cuando todavía menstruamos, los niveles de progesterona varían a lo largo del ciclo, lo que puede provocarnos estados de ánimo irritables, sentirnos más «bajas», etc. Cuando nuestro cuerpo deja de producir estas hormonas, ya no hay fluctuaciones anímicas asociadas. Este valium natural ya no está, así pues, todo sale y sucede mucho más «directo y sin filtro».

Y no sólo esta hormona afecta a nuestro estado de ánimo, sino que muchas otras también lo hacen.

La fase premenstrual del ciclo, es decir, la fase de la chamana o hechicera es un preludio del Gran Cambio, con mayúsculas, que nos espera con el rito de paso del climaterio y la menopausia.

Antes de cerrar este apartado, me gustaría recomendarte un libro de Jean Shinoda-Bolen titulado *Viaje a Avalon* donde describe un viaje que realizó a varios lugares de Europa en los que se encuentra representado de alguna manera «lo sagrado femenino». Se trata de la peregrinación de una mujer en la mitad de la vida. De hecho, todas y todos pasamos por una revisión de vida entre los 42/43 y 48 años, lo que de alguna manera correspondería al inicio del rito de paso del climaterio y a la fase de la chamana o hechicera. Si has llegado ya a esta etapa, habrás sufrido o sufriste algún tipo de transformación en algunas áreas de tu vida y la sensación de estar en un proceso de revisión y de entrada a una nueva etapa. Si todavía te falta para llegar aquí, también vivirás este proceso transformador y muy liberador. Se trata de volver a ti y descubrir quién eres realmente.

Si recuerdas el apartado dedicado a la revisión del ciclo y de la vida, hablábamos de que en esta fase de la chamana o hechicera se hace evidente qué quieres soltar, qué es lo que ya no funciona y qué quieres continuar teniendo en tu vida. En el momento conocido como «crisis de los 40» en nuestra sociedad, vienen a ti esas mismas cuestiones del ciclo, pero a nivel de toda tu vida.

Puede que te asalten las dudas de si has aprovechado todas las oportunidades que se te han presentado. Si no has tenido hijos, quizás te asalte el deseo de tenerlos. Puede que te plantees si el trabajo que realizas te llena de verdad, si tu relación de pareja es la que realmente deseas o si has realizado los sueños o planes que tenías previstos para tu vida. Si necesitas un cambio, la vida llamará a tu puerta de muchas maneras y puede que si has vivido una vida complaciendo a los demás, o no has hecho lo que realmente deseabas por miedo o comodidad, una posible necesidad de libertad aflore desde dentro como un torbellino. Surgirán las dudas y la necesidad de hacer algo para poner remedio a las insatisfacciones.

Así, si hemos ido trabajando nuestra fase de la chamana o hechicera ciclo a ciclo, sabremos un poquito más a lo que nos enfrentamos porque seremos conscientes de lo que realmente queremos y conscientemente afrontaremos lo que la vida nos proponga, abrazando el aprendizaje y la evolución personal.

La chamana o hechicera y la energía yang

La fase de la chamana o hechicera está conectada con la energía yang.

¿Qué aspectos de la energía yang sientes en ti durante esta fase? ¿Qué aspectos crees que deberías atender en esta fase que no atiendes?

Rodea las que sientes en un color y las que deberías atender en otro.

- ☐ Valores
- ☐ Yo
- ☐ Conexión
- ☐ Revisión
- ☐ Saber qué quiero
- ☐ Saber qué no quiero
- ☐ Cribaje
- ☐ Poder

La chamana o hechicera y el elemento fuego

Cada uno de los 4 elementos puede relacionarse con las 4 fases del ciclo teniendo en cuenta sus características y sus enseñanzas. La fase de la chamana o hechicera la he relacionado con el elemento fuego, que es yang, y vamos a ver cómo podemos tenerlo en cuenta y honrarlo.

Este elemento se asocia a la intuición, a la pasión, a la energía, a la fuerza interior, a la conexión espiritual, a la voluntad y a la claridad.

Podemos honrar el elemento fuego revisando el ciclo que está terminando, siendo conscientes de lo que queremos dejar atrás, conectando con nuestra parte oscura, nuestra sombra, bajando el ritmo, usando la intuición para ver cómo queremos que sea el nuevo ciclo y escuchando las necesidades que tengamos.

¿Qué resuena contigo?

La parte más evidente que vamos a experimentar es la sensación de que quizás hay algo que no funciona como se querría.

La cuestión es que puede ser muy evidente, pero quizás no lo veamos o reconozcamos.

Las evidencias pueden ir desde la irritabilidad, hasta el enfado, el malestar, dolor de cabeza, migraña, fatiga, hinchazón, etc. Esto no significa que todos los síntomas que pueden aparecer en la fase premenstrual tengan un origen emocional o espiritual, y hay que ir a un especialista si se considera necesario. Y también puede ser que no aparezca ningún síntoma. Sea cual sea tu situación, la práctica es muy interesante para ver un poco más allá.

A continuación te escribo distintas áreas de la vida y la idea es realizar primero un acercamiento instintivo, sin pensar. Así que, una vez que leas las palabras, observa lo primero que sientas, es muy importante que no lo pases por el filtro analítico mental.

- Autocuidado
- Descanso
- Amigos
- Pareja
- Familia
- Comer sano
- Trabajo
- *Hobbies*
- Movimiento/deporte

Ahora vas a releer nuevamente las áreas de la vida que he escrito y quiero que las mires ahora desde el filtro racional y mental. ¿Sabes el porqué de lo que has pensado/observado la primera vez que las has leído? ¿Qué quieres soltar de todo ello?

Vivir o no vivir la chamana o hechicera

Todos los arquetipos los vivimos físicamente porque se producen una serie de cambios hormonales en nuestro cuerpo. Éste lo vemos de un modo evidente si padecemos el síndrome premenstrual.

Vivir la chamana

Quiere decir:

- Que eres consciente de tu propio poder.
- Que no le das tu poder a nadie.
- Que no dependes de nadie.
- Que sabes lo que quieres en tu vida.
- Que sabes lo que quieres soltar.
- Que dices lo que necesitas.
- Que eres consciente de que si hay irritabilidad o enfado, sabes de dónde viene.
- Que sabes lo que no te gusta de ti, pero aceptas que es parte de ti.

No vivir la chamana

Quiere decir:

- Que no reconoces tu propio poder.
- Que no confías en ti.
- Que no eres independiente.
- Que no dices lo que necesitas.
- Que te criticas por lo que no te gusta de ti.
- Que te enfadas o estás irascible y no sabes ver de dónde procede.
- Que no escuchas lo que te dice tu interior.
- Que huyes de las señales que te envía tu guía interna.
- Que vives sin ser consciente de lo que te sucede a nivel interno.

Para equilibrar la vivencia de la chamana o hechicera vas a realizar una práctica que tiene dos partes. En la primera parte del ejercicio vas a enfrentarte a tu lado más crítico, que aparece de modo muy claro en esta fase. Quiero que te mires al espejo y seas sincera contigo misma: ¿qué no acepto, qué no me gusta de mí? Te propongo algunas ideas. Puedes utilizarlas si te identificas con ellas o también añadir las que desees. La clave está en decirlas en voz alta.

- ☐ grito
- ☐ tiendo a pensar en negativo
- ☐ soy vergonzosa
- ☐ soy poco espontánea
- ☐ soy irascible

- ☐ no me considero lista
- ☐ soy tímida
- ☐ soy poco tolerante
- ☐ soy perezosa
- ☐ soy impuntual
- ☐ soy desordenada
- ☐ soy poco estructurada
- ☐ soy rebelde
- ☐ soy impulsiva
- ☐ soy controladora
- ☐ tengo baja autoestima
- ☐ no sé hablar en público
- ☐ no me gustan algunas partes de mi cuerpo

Y ahora una vez hecho, ríete. Sí, sí, ríete porque la vida es corta, porque lo que no nos gusta de nosotras, ¡somos nosotras también! Somos un compendio de todo, y nuestro todo nos hace ser quienes somos.

Para ello te propongo también que te dibujes como un ser completo con todo lo que te define. Puedes hacerlo con un dibujo simbólico, con un dibujo más realista, etc. Es un muy bonito ejercicio para que te abraces y abraces todo lo que eres y equilibres las energías de la chamana o hechicera.

La chamana o hechicera y las diosas asociadas

Las características arquetípicas asociadas a la fase premenstrual encajan para mí con las diosas: Kali, Perséfone y Lilith. Cada una de ellas pertenece a una cultura o tradición y sus características nos dicen mucho de esta fase del ciclo. Después de leerlas. Pregúntate: ¿Qué quieres cultivar en esta fase poderosa? ¿Con qué diosa conectas?

Kali

- Diosa hindú.
- Se la ubica como la realidad última y la fuente del ser.

- Tiene 3 ojos, lo que significa que tiene el control sobre pasado, presente y futuro.
- Es la encarnación de la fuerza femenina.
- Se asocia a la muerte y a la destrucción: todas las cosas pasan.
- Su mano superior derecha sostiene la espada con la que destruye todas las dudas.
- Su mano inferior derecha esboza un gesto místico para proteger a sus devotos y disipar todos sus temores.
- De su mano superior izquierda cuelga una cabeza recién cortada, que representa la ruptura con el ego y con sus fuerzas restrictivas.
- Tiene como enemigos la hipocresía, la duda, el egoísmo y la envidia.

Perséfone
- Diosa griega.
- Hija de la Madre Tierra, Deméter.
- Deméter y Perséfone, madre e hija, representaban para los pueblos de la Antigüedad los poderes de la naturaleza, su transformación y ciclicidad.
- Señora de los infiernos.
- Su vida transcurre entre dos existencias totalmente opuestas, una tenebrosa y oscura y otra luminosa.
- Pasa 6 meses en el inframundo y 6 meses en la tierra/superficie.
- Como mito de la naturaleza, Perséfone es la semilla que se separa del cuerpo del grano maduro, la madre, y tras hundirse en la tierra regresa en primavera como un nuevo brote.

Lilith
- Diosa sumeria y hebrea.
- Diosa o fuerza independiente asociada a la oscuridad y temida por los hombres.
- Representa la igualdad frente al hombre, ya que fue creada a su semejanza.
- Viéndose igual a Adán, se rebeló ante sus exigencias de sometimiento y lo abandonó.
- Fue la primera mujer libre de la Historia.

- Representaba todo lo contrario a la esposa fiel y madre abnegada y obediente.

Las enseñanzas de las diosas poderosas

Las diosas premenstruales son las del poder propio, las que conocen su lado oscuro y no lo temen, las que han abrazado su poder sin miedo y lo utilizan sin temor porque no abusan de él. A veces se ha confundido el tener poder con abusar de él y hacer un mal uso, pero desde la chamana se trata de reconocer el propio poder y usarlo para recuperar quiénes somos, y saber quiénes somos nos conectará también con qué anhelamos realmente en nuestras vidas. Los anhelos nacen en el fondo de nuestro ser, en nuestra alma. Poder conectar con ellos, acercarlos de manera consciente a nuestra vida, hará que vivamos esta fase tomando el propio poder, lo que nos beneficiará enormemente.

Voy a guiarte ahora en una visualización que te llevará a conectar con tus anhelos. Busca un momento adecuado para ti, pon música de tu agrado, lee el texto y sigue entonces tu ritmo.

> *Sentada de manera confortable y cómoda o estirada (sin dormirte), cierra los ojos y respira profundamente. Continúa respirando de manera tranquila y profunda, soltando la tensión de tu cuerpo.*
>
> *Imagina ahora como de tus pies nacen unas raíces, unas raíces que se adentran en la Madre Tierra. Sientes la humedad de la tierra en tus pies y te sientes arraigada a la Madre Tierra.*
>
> *Comienza ahora a ralentizar los movimientos del cuerpo de manera intencionada. No hay prisa, no hay ningún otro lugar en el que estar, no hay nada más que hacer, solamente estar aquí, ahora.*
>
> *Céntrate ahora en la respiración. Coge aire profundamente por la nariz y suéltalo por la boca con un HAAAAAA. Con cada respiración te vas relajando más y más. Lo único que importa es este momento y tu respiración. Quizás sientas algo a nivel emocional, un sentimiento en particular, una sensación física o más energética… Sientas lo que sientas, todo está bien.*

Ahora quiero que imagines una cascada de agua cristalina que cae del cielo y llega a tu coronilla, entra por la parte central de tu cabeza y va pasando por todo tu cuerpo hasta caer al suelo.

Siente esta cascada que fluye desde el cielo, a través tuyo y hasta el suelo. El agua cae, la sientes a través de tu cabeza, a través de tu mente, a través de tu cerebro, a través de tu garganta, a través de tu pecho, de tu corazón, va fluyendo a través de tus pulmones, de tu vientre, de tu sistema digestivo, de tu matriz y baja hasta el suelo. Fluye, fluye, fluye.

Recibe esta agua que llega a los rincones más profundos de tu ser para que tú también puedas llegar a ellos.

Y ahora pregúntate: ¿cuáles son tus sueños? ¿Qué deseas profundamente? Anhelar, soñar, viene del corazón, del alma, de nuestras aguas profundas. Fíjate en si puedes conectar con uno de tus sueños o anhelos de vida.

¿Con qué sueñas? ¿Qué anhelas? Y cuando aparezca, mira si puedes respirar en este sueño, que cuando respires seas consciente, tráelo a la conciencia mientras sientes tu conexión con este sueño o anhelo. Deja que te llene.

Existe algo sagrado en nuestros sueños, así que abrázalos sin miedo. Y por eso, teniendo presente el sueño con el que hayas conectado, abrázate a ti misma, con mucho amor y cariño. Coge aire profundamente y suéltalo.

Ahora, despacio, vas a volver al estado de conciencia y lo haces moviendo los pies, los dedos de los pies, las piernas, moviendo los dedos de las manos, las manos, los brazos, los hombros, el cuello, la cabeza y cuando estés preparada, abre los ojos.

¿Con qué anhelo o sueño has conectado?

Te propongo también unas canciones poderosas que recuerdan nuestro poder interior. Déjate llevar, ríe, baila, danza, canta y sé consciente de tu valía y tu poder.

Peia: *Blessed we are*
Demi Lovato: *Let it go* (suéltalo)
Chaka Khan: *I am every woman*

Kesha: *This is me*
Sara Bareilles: *Brave*
Enya: *Aniron*

La fiesta de Mabon

Mabon es la fiesta celta que celebra el equinoccio de otoño. En los demás arquetipos he optado por elegir las otras fiestas de la rueda del año y no los equinoccios o solsticios, pues su significado y relación con lo visto ha resonado más en mí de este modo.

No existe un canon por el que se rijan los arquetipos, sino que mirando la naturaleza y lo que nos rodea podemos ver señales que nos acompañan a comprender y a sintonizar con la ciclicidad de la vida y con lo que nos enseña cada fase por la que pasamos.

Mabon es una fiesta muy querida por mí. Creo que lo es porque a mí nunca me había gustado el otoño, de hecho era la estación del año que más detestaba, hasta que, al descubrir la ciclicidad y el tesoro que escondía, reconocí la valía de este tiempo de introspección y de conexión interna conmigo misma. Siempre había evitado ir hacia adentro, seguramente por miedo a qué podría encontrar ahí, pero cuando me atreví, di gracias por ello. Y Mabon es una celebración que me conecta con esta experiencia de descubrimiento interior, de descubrimiento de los tesoros escondidos dentro de cada una de nosotras.

La palabra «equinoccio» hace referencia a la misma duración del día y de la noche en este día, un equilibrio entre ellos. En Mabon, se continúa celebrando la abundancia y generosidad de la tierra, pues aún es tiempo de cosecha. También marca el inicio del otoño, camino hacia la oscuridad, la inactividad y la decadencia. La naturaleza comienza a prepararse para el invierno que se acerca y comienzan a caer las hojas. Es un tiempo de descanso y recogimiento. Como las hojas que caen, los árboles nos invitan a desprendernos de aquello que nos es innecesario para continuar, nos acercamos a la etapa de la muerte para volver a renacer.

Si nos fijamos un poco más de cerca en esta celebración, veremos que una buena cosecha era algo fundamental en los tiempos antiguos porque de eso dependería la supervivencia del pueblo o tribu durante el invierno. Del mismo modo sucederá con nosotras. Si nuestra cosecha es buena porque hemos respetado nuestro ciclo, los ritmos de nuestro cuerpo y nuestras necesidades, el tiempo de nuestro Mabon interior, la fase de la chamana o hechicera, será un tiempo de conexión interior, de soltar sin dolor, de mirar esas hojas secas que deben caer sin rencor y sin sufrimiento y practicar la «no expectativa». La estación del otoño se caracteriza por soltar, y vivir sin expectativas es eso, soltar, dejarse llevar y confiar en lo que la vida te trae.

Para celebrar tu Mabon interior te propongo una pequeña práctica para conectar con las enseñanzas que ofrece el ritmo de la naturaleza durante este tiempo.

Observa los diferentes aspectos que te propongo, elige los que te llamen y siente qué debes soltar con respecto a ellos y si puedes vivir estas áreas de tu vida sin expectativas. ¿Te ves capaz?

- Trabajo
- Hijos
- Pareja
- Amigos
- Padres
- Caprichos materiales
- Dinero
- Viajes
- Vivienda
- Hermanos

Visión global

Epílogo

Recordar es esencial. Recordar aspectos vividos de la propia vida te permite arrojar luz sobre cuestiones que deben ser aceptadas y sanadas; y de la misma manera, recordar a un nivel colectivo más profundo te conecta con saberes universales que siempre han estado ahí, sólo que se perdieron en el tiempo. Lo que significa «ser mujer» es uno de estos saberes universales que, de modo inconsciente, sentía en mi herida interna de autovaloración y de autoamor. Sabía que esta herida estaba conectada con vivencias propias, pero también con vivencias colectivas relacionadas con el hecho de ser mujer y ahondar y profundizar en ello me ha llevado a abrir los ojos, a quitar un velo que no me dejaba ver.

Las palabras «mujer de poder» han venido a mí muchas veces a lo largo de los últimos años: cuando empecé a investigar sobre el ciclo menstrual, sobre la Diosa o Gran Madre, sobre la Historia ancestral, sobre los arquetipos y cuando empecé a ofrecer círculos lunares de mujeres, círculos para chicas adolescentes y cursos sobre ciclicidad. No es que su nombre apareciese de modo explícito, sino que era más bien una sensación de que ella estaba allí: en todo lo que investigaba, en todo lo que ofrecía y, a partir de ahí, en todo lo que vivía. «Mi mujer de poder» apareció cuando hubo un despertar consciente en mí de mi propio valor. Ella siempre ha estado conmigo, pero yo no la veía. En un retiro que realicé en 2019 con Amaluna de Mujer Ancestral hicimos un ejercicio justo al empezar el retiro. Las distintas mujeres que estábamos allí nos colocamos por grupos unas enfrente de las otras. Las mujeres enfrente de las de mi grupo representaron a la mujer de poder de cada una de nosotras y la mujer que estaba frente a mí y representaba a la mía empezó a doblarse de dolor, dolor abdominal, y se sentía muy débil. Así era mi mujer de poder por aquel entonces. Yo creía que estaba ya muy empoderada por todo lo que había descubierto hasta ese momento, pero eran descubrimientos superficiales, me faltaba ir hacia las profundidades de mi ser. Allí, en ese momento me despojé de mi arrogancia de pretender saber y dejé que la vida me atravesase y me guiase a vivir irremediablemente lo que debía vivir para conectar con la verdadera mujer de poder. Ella representa el saber con el que todas venimos a la vida y que se olvida por las dificultades y complejidades que vivimos y experimentamos en una sociedad que también ha perdido la conexión con lo esencial. Recordar te permite conectar y recordar estos siete dones, entenderlos e integrarlos es una forma de volver a ti después de haberte perdido. Primero hay que perderse para volver a encontrarse. Y encontrarse es reconocer a tu mujer de poder y vivir dejándote acompañar por ella.

Y ahora, después de este recorrido teórico-práctico por tus siete dones, vuelve a las cartas de amor a las partes de tu cuerpo, reléelas o escríbelas ahora si no pudiste hacerlo al inicio de la lectura y te prometo que ahí empieza el camino.

Bibliografía y netgrafía

Abrach, L. (2019): «Los Himnos a Isis de Isidoro y el enigma de su culto», *Anales de Filología Clásica,* vol. 32, n.º 1.

Anderson, B. S. y Zinsser, J. P.: *Historia de las mujeres. Una historia propia.* Crítica, Barcelona, 2018.

Ayechu, E. y Mancho, U.: «Influencia de la luna en las labores de la huerta», https://otsagibhi.educacion.navarra.es/blogs/gurebaratza-proiektua/files/2016/02/GureBaratzea_12A_InfluenciadelaLuna1.pdf

Bachofen, J. J.: *Das Mutterrecht. Eine Untersuchung über die Gynaikokratie der alten Welt nach ihrer religiösen und rechtlichen Natur.* Suhrkamp, Berlín, 1975.

Bennett, J. y Pope, A.: *The Pill: Are you sure it's for you?* Allen & Unwin, Crows Nest, Nueva Gales del Sur, 2008.

Boyé, A.: «Debate antropológico sobre el concepto matriacado», Congesos y ponencias, 10 de agosto de 2021, https://matriarcados.com/debate-antropologico-sobre-el-concepto-matriarcado/

Carol Botha, L.: «Hormoon Awareness Guide», https://www.lesliecarolbotha.com/articles/hormoon-awareness-guide/

Campbell, J.: *El héroe de las mil caras.* Ed. Atalanta, Vilaür, 2020.

Cartwright, M.: «Las Amazonas», *Wolrd History Enciclopedya*, 2019.

Cox Miller, P.: *Dreams in Late Antiquity: Studies in the Imagination of a Culture.* Princeton University Press, Princeton, Nueva Jersey, 1994. (Trad. cast.: *Los sueños en la Antigüedad tardía.* Siruela: Madrid, 2002).

Diamant, A.: *La tienda roja.* Epublibre, 1997.

ELIADE, M.: *Tratado de la historia de las religiones*. Círculo de Lectores, Barcelona, 1990.

FAVILLI, E. y CAVALLO, F.: *Cuentos de buenas noches para niñas rebeldes*. Ed. Destino, Barcelona, 2016.

FERNÁNDEZ NAVARRO, V. y GARAGALZA ARRIZABALAGA, L. J. (2018). «Evolución de la imagen de la Diosa en la Prehistoria», p. 2-6, 10, 12-13. OCLC.

FERRER VALERO, S.: «Descubriendo la Vieja Europa, Marija Gimbutas (1921-1994)», blog *Mujeres en la historia*, 2 de mayo de 2014, https://www.mujeresenlahistoria.com/2014/05/descubriendo-la-vieja-europa-marija.html

GIMBUTAS, M.: *The Goddesses and Gods of Old Europe, 7000 to 3500 BC: Myths, Legends and Cult Images*. Thames and Hudson, Londres, 1974. (Trad. cast.: *Diosas y dioses de la Vieja Europa*. Editorial Itsmo: Madrid, 1991).

GRACE, P.: *Mother in the mother*. Womancraft Publishing, Cork, 2019.

GRAVES, R.: *The Greek Myths*, vol. 1, Penguin Books inc., Nueva York, 1955. (Trad. cast.: *Los mitos griegos*. Ed. Gredos: Madrid, 2011).

GRIMA R. (1999): «Waking up to the Sleeping Lady», *Malta Archaeological Review*, n.º 3.

HARDWICKE COLLINGS, J.: *The spiritual practice of menstruation*. Apple Tree House, Belfast, 2021.

HERNÁNDEZ DE LA FUENTE, D. (2016): «La inspiración de la Pitia de Delfos», Unidad de Cultura Científica, UNED, https://divulgauned.es/la-inspiracion-la-pitia-delfos/

HERNÁNDEZ GUERRA, L. (2011): «La diosa Epona en la Península Ibérica. una revisión crítica», *Hispania Antiqva XXXV*, pp. 247-260.

HOOKE, S. H.: *Middle Eastern Mythology*. Penguin Books. Harmondsworth, 1963.

INGALHALIKAR, M. *et al.* (2013): «Sex differences in the structural connectome of the human brain», *Proceedings of the National Academy of Sciences*, vol. 111, n.º 2. JIMÉNEZ SILES, S. y GRAVÁN ROMERO B. (2022): «Effect of evening primrose oil on the symptoms of premenstrual syndrome». *Enfermería Cuidándote*, 2022, https://enfermeriacuidandote.com/article/view/4643/5370

JOYCE, P.W.: *A Social History of Ancient Ireland* (2 vol.). Arno Press, Nueva York, 1980.

KRAMER, H. y SPRENGER, J.: *Malleus Maleficarum (el martillo de los brujos)*. Ed. Orión, Buenos Aires, 1975.

L'AM, D.: *Becoming peers*, Red Moon Publishing, Sebastopol, California, 2006.

LERNER, G.: *The creation of patriarchy*, Oxford University Press, Oxford, 1986. (Trad. cast.: *La creación del patriarcado.* Ed. Crítica: Barcelona, 1990).

LUCY, J. y ALLISON T.: *Moon Mother, Moon Daughter*. Seas, Santa Barbara, California, 2011.

MARTÍNEZ TORTAJADA, S.: *Las enseñanzas de las lunas nuevas del año. Una aproximación a través del signo zodiacal y de las diosas.* Kindle Direct Publishing, 2023.

MEDICINE EAGLE, B.: *Buffalo Woman Comes Singing: The Spirit Song of a Rainbow Medicine Woman*. Random House, Nueva York, 1991.

MORGAN, M.: *Las voces del desierto*. B de Bolsillo, Barcelona, 2020.

MORRIS, H. R. (1995): «Woman as shaman: Reclaiming the power to heal», *Women's Studies. An interdisciplinary journal,* vol. 24, n.º 6 (Women and Medicine), pp. 573-584.

MURDOCK, M.: *Ser mujer. Un viaje heroico. Un apasionante camino hacia la totalidad.* Gaia ediciones, Madrid, 1991.

NORTHRUP, C.: *Cuerpo de mujer, sabiduría de mujer.* Ed. Urano, Barcelona, 2010.

PAVÓN TORREJÓN, P. (2011): *El uxoricidio de Iulia Maiana, manu maritii interfecta* (CIL XIII, 2182). Trabajo académico, Universidad de Sevilla, https://institucional.us.es/revistas/habis/42/art_16.pdf

PINKERTON, J. V.: «Síndrome premenstrual». Trabajo académico, Universidad de Virginia. https://www.msdmanuals.com/es-es/professional/ginecolog%C3%ADa-y-obstetricia/anomal%C3%ADas-menstruales/s%C3%ADndrome-premenstrual-spm

PINKOLA Estés, C.: *Mujeres que corren con lobos*. B de bolsillo, Barcelona, 2020.

PEARCE, L. H.: *Moon Time*. Womancraft Publishing, Cork, 2015. (Trad. cast.: *Tiempo de Luna.* Editorial Olinyoli: Tijuana, 2019).

—: *Creatrix. She who makes.* Womancraft Publishing, Cork, 2019.

RODRÍGUEZ, P.: *Dios nació mujer.* Ediciones B, Barcelona, 1999.

ROBINSON, S.: *Yin magic.* Womancraft Publishing, Cork, 2020.

SHINODA BOLEN, J.: *Las diosas de cada mujer.* Kairós, Barcelona, 1993.

—: *El millonésimo círculo.* Kairós, Barcelona, 2004.

VERDAGUER, X.: «La progesterona te puede cambiar la vida, 2017», https://www.xeviverdaguer.com/es/la-progesterona-te-puede-cambiar-la-vida/

VIRTUE, D.: *Las cartas del oráculo de las diosas.* Arkano Books, Móstoles, 2014.

WALKER B.: *Women's Encyclopedia of Myths and Secrets.* HarperOne, Nueva York, 1983. (Trad. cast.: *Enciclopedia de los mitos y secretos de la mujer.* Ed. Obelisco: Rubí, 2019).

WEED, S.: *New menopausal years.* Ash Tree Publishing, Belfast, 2002. (Trad. cast.: *La nueva menopausia.* Zenith: Barcelona, 2025)

Índice